イギリス人は「理想」がお好き

緑ゆうこ 著

紀伊國屋書店

イギリス人は「理想」がお好き

contents

装画
大塚砂織
装丁
木庭貴信
（オクターヴ）
扉写真
Rex A. Butcher

はじめに

おめでたいイギリス人の謎を解く

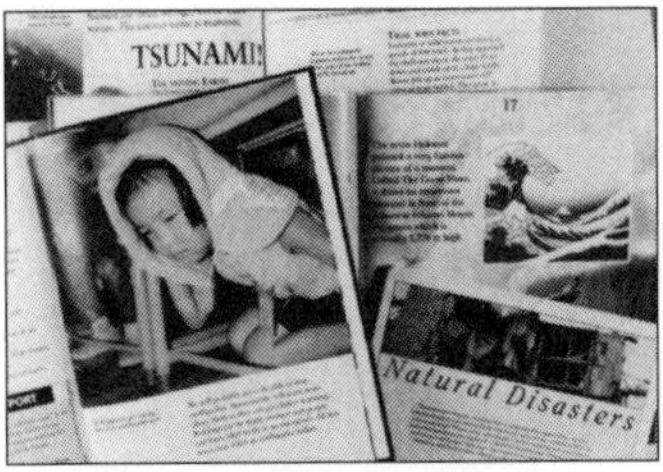

自然災害のないイギリスでは、
海外の地震、火山爆発、洪水、旱魃などのニュースは
センセーショナルな扱いで報道される。
子供向けの本にも、いかにイギリス以外の国の
自然災害が恐ろしいかが強調されている。
写真:日本の小学校の地震訓練と、地震による津波の絵として
紹介されている北斉の富嶽36景

方丈記を知らない国民はあきらめが悪い

イギリスを訪れたことのある日本人にとって、イギリスは「大人の国」だったり、「伝統の中にも個性が光って」いたり、「余裕」があったり、あげくのはてには「本物が素敵」だったり「おいしかったり」もするらしい。

もちろん賢い読者は全部を真に受けることはないだろうが、そんなことを書いてある本ばかり読んでいると、中には本当にイギリスは素晴らしい国だと信じてしまう人もいるかもしれない。それで逆に「もっとイギリスの悪口を言おう」と言い出す人も出てくるわけだが、どうもよその国の悪口を言って日頃の鬱憤を晴らすだけで終わってしまいがちだ。

そこで再挑戦です。日本人のイギリス観にバランスを取り戻すために、日々それほど素敵でもないイギリスを見ている在英日本人の冷静な声をもっと取り上げてもらおうではないか！

まず最初に、本書に描かれたイギリス人像をあらかじめ要約しておくと、「**おめでたいイギリス人**」もしくは「**あきらめの悪いイギリス人**」となる。実際のところ、彼らの不幸はたいてい、このおめでたさとあきらめの悪さから生じていると言ってもよいくらいだ。尊敬すべきイギリス人の行動について、本書ではこの点にテーマを絞って研究することにしよう。（かく言う筆者はイギリス人と結婚して現在イギリスに住んでいる。だからといって在英日本人を代表するつもりはないが、本書の内容は大方の意見からそれほど外れてはいないはずだ。また、最初に断っておくが、筆者の本業は小説家。でもこの本では誓って嘘はつきません。）

さて、筆者の意図はここまでで大体お分かりいただけたと思うので、次に、「**あなたはなぜこの本を読まなくてはならないか、その理由**」を考えてみましょう。まったく日本の読者はなぜ今頃またイギリスについて書かれた本を読まなくてはならないのか？　それはもちろん、イギリス人の不幸は対岸の火事だからです。対岸の火事なら関係ないと思うのは鎖国時代ののんきな殿様で、国際化の今、火事は対岸どころか世界中どこからだって飛び火するのです。

まだ十分納得のいかない人のために、本書のプレヴューとして、以下に「それって変じゃないの？」と在英日本人の頭を悩ませた最近の事件をいくつか挙げてみよう。

○子供のいないイギリス人夫婦が不妊治療を受け、予想外の三つ子を授かった。夫婦は一度に三人は多過ぎると抗議、計画外の三人目の子供の養育費を請求するため、裁判に持ち込んだ。

○心臓や肺など、移植用の内臓が不足している。政府はドナー・カードの代わりに「反ドナー・カード」を持ち歩いてはっきり反対の意志を表明している人以外は誰でも自動的にドナーとみなす法案を検討している。死後、臓器を提供しない人は自分勝手、もはや脳死に関する疑問も存在しないことになっている。
○新しい雇用規定によると、子供のいる人は女性・男性ともに従来の産休に加え、子供が五歳になるまでは毎年四週間の育児休暇、さらに女性は育児に都合を合わせてパートタイムやフレックス・タイムで働く権利が認められることになる。政府は女性の喝采を浴びたが、実現のための財源がどこにあるのか、政府は一切説明していない。
○世界中が不況に向かいつつある中、英国内の住宅価格だけは上がり続け、住宅ローンの借り入れ総額／件数ともに毎月の記録更新。国民総赤字、平均貯蓄高ゼロの状態で、イギリス国民は際限なしにローンで家を買い続けている。
○内臓の一部がくっついたシャム双生児が生まれ、医師団は手術をして片方を殺せばもう片方を生かす可能性があると勧めたが、両親は手術に反対。「神の手にまかせて双子を一緒に死なせてやりたい」と主張する両親を病院側は裁判に訴え、手術の強制執行を勝ち取った。
○世界初のクローン羊の誕生にうながされ、イギリス政府は世界に先駆けて人間の胚を使ったクローン実験を認可。生命そのものである胚を実験に使ってもよいのか、という疑問の声を政府は非科学的と切り捨てた。

以上、一見何のつながりもない六つのケースの共通項は何だろうか。答えは、「**イギリス人は人間には完璧な幸せを追求する権利があると信じている**」という事実だ。

これさえ飲み込んでしまえば、あなたのイギリス人に対する理解はぐっと深まるはずだ。新聞を開いて信じられないような記事に遭遇しても、近所の人が驚くべき発言をしても、あなたのイギリス人配偶者の家族が冗談かと思われるようなことを言っても、もう頭を抱えることはない。実際、おかげで筆者のイギリス生活は新しい境地に達したので保証付きです。

この「ユリイカ！」の発見を、たとえば医療の面に当てはめてみると、まず生殖医療関係の疑問が真っ先に解決されてしまう。世界初の体外受精がなぜイギリスで実現したのか？　理由は、**幸せな家族とは一男一女をもうけて初めて完成するもの**で、それがかなわない場合には**どんな手段を使ってでも**理想の実現をめざすべきだからです。

かくして、体外受精もかなわないほど年を取ったらドナー・エッグ、病気で子宮を失ったら代理母、子供を作らないうちに夫が急病で死んでしまったら、急いで精子を取り出して冷凍する。「本当の幸せとは？」などと立ち止まってゆっくり考えている暇はない、不幸な目にあったらそれだけ余計に理想を取り戻す権利があるのだ。そうなるとゲイのカップルにだって当然理想の家庭をめざす権利はある、レズビアンだって差別してはいけない、一男一女の幸せを望む切実な気持ちはホモセクシャルだって変わらない。男の子ばかり何人も続くという悲劇は、次はどうしても女の子を生むのだという意志によって克服すべきで、とにかく諦めてはいけない。不幸な現実を受け入れる、などという日本人的美徳はここでは意志薄弱とみなされます。

かと言って、やり過ぎはいけません。理想の世界では何事にも限度があるのです。五十代ならともかく六十歳過ぎの妊娠や、夫の死後に同意書も無しに精子を取り出すなど、**そこまでやってしまってはアメリカと同じになってしまう。**そういう極端なことは何もイギリス人が手を汚さなくても、海外に出かけて行ってやればよろしい。

さて、こうしてできた一男一女の理想の家族は、理想の社会を作り出す。理想の社会においてはどのような問題も司法制度によって正しく解決されるはずで、シャム双生児だろうとなんだろうと、医者と患者の話し合いのような曖昧な手段にまかせておいてはいけないのです。

（ちなみに、イギリスで整えられアメリカなどに広がった陪審員制度は、くじ引きで無作為に選ばれたフツウの国民が十二人寄って話し合えば、多数決できっと正しい答えが出るはずだ、という民主主義の理想信仰に基づいている。）

さらに法律と言えば、**理想の社会ではどんな人間も死ぬべきではない**ので、日本では長く禁止されていた心臓移植なども早くから許可してばんばんやり、脳死問題などは力強く乗り越えました。ここまで来ると次はクローン実験を利用した難病治療ですが、これはもう胚というものは生きた生命であるかどうか、生命を実験に使っても良いかどうかなどと非科学的なことをつべこべ言っていたのでは、その間に病人はどんどん死んでしまうから、とにかく政府が率先してやらなくてはいけない。そうしないとイギリスはせっかくクローン羊ドリーで手に入れた世界一の座を失ってしまうではないか！　とトニー・ブレア首相も国民を鼓舞している。

こうやって国民が絶対に死なない医療を確保した次に来るのが**国民一〇〇％持ち家率**です。本来、人間たるものはみなちゃんとした持ち家に住むべきで、アパートを借りて住むなどという情けない生活はトウキョウやパリやニューヨーク等の可哀想な人たちのすること。**イギリス人たるものは持ち家に住み、犬を飼わなければ人間とはみなされない**のです。

学校を出たら働いて頭金を貯めて、なんて流暢なことを言っていたら人生はすぐ過ぎ去ってしまうから、住宅会社はもう大胆に頭金ゼロ、一〇〇％の住宅ローンまで貸し出してくれる。あとでローンが払えなくなったら、などと弱気な心配は最初からするべきではなく、もしそうなったらなったで政府が面倒をみるべきでしょう。なにしろ衰えたとはいえ元大英帝国なのだから、そのくらいのことはやってくれなくっちゃ——とイギリス国民は思っているのです。

イギリス人にとって家というものがいかに大事かは、ちょっと新聞を読めばすぐに分かる。「山田花子（三十五歳、銀行員）が昨日未明云々……」といった記事はここでは「サリー地方、緑多き中流住宅街の市価十七万ポンドの一戸建てに住むメアリー・ジョーンズが昨夜未明……」と書かれて、とにかく人間たるもの、年齢や職業のようにどうでもよい条件ではなく、住んでいる家の値段によって判断されるべきなのです。

さて、一男一女の家庭と庭付きの家を手に入れて犬を飼ったら、次に確保するべきものは女性のキャリア。母親が社会で仕事をするうえでのハンディは、理想の社会なら全然問題ではない。出産前後は有給の産休。子供が生まれたら自動的に政府から育児手当がもらえる。そして育児休暇をたっぷり取ったあと、いざ職場復帰となったら、雇用主は母親の都合に合わせて仕事の段取りをしなくてはならない。出産後のリラクセーションなどの「癒し系」クラスに出るのも有休扱いだし、朝遅く出勤して夕方早く退社するフレックス・タイムに嫌な顔をする雇用主はすぐに訴えられて裁判で慰謝料を取られてしまうから、無知な日系企業などは特に気をつけないといけない。そうなると企業は女性を雇いたがらなくなるだろうが、心配はいらない、面接で落とされたら性差別で訴えればよろしい。このへんでそろそろ、「**めでたさも世界一――理想の実現を信じるイギリス人**」という見出しが目に浮かぶ。普通の日本人にとって信じられないような理想を、いったいなぜイギリス人は信じることができるのだろうか?

ここに在英日本人の間では昔から知られているひとつのセオリーがあるのだが、名付けて「**非方丈記型イギリス人**」と呼ぶことにしましょう。つまり、理想の幸せに向かって少しずつ築いてきたものが火事や地震や洪水でおじゃんになる、という経験をさんざんしてきたせいであきらめが良くなった日本人と、絶対に崩れないレンガ造りの家に住み、天災の経験をしてこなかったためにあきらめの美学を学ばなかったイギリス人との差です。

この性質はイギリス人の「愛国心」に最もよく表れている。彼らの愛国心とは、一言で言えば「イギリスはなんてったって世界一！」という信仰だ（アメリカ人にも似たような信仰はあるが、彼らの場合は史実に基づいているので、いっしょくたにしてはいけない）。

イギリス人の信仰は、まずイギリスには天災がないという好運に支えられている。テレビのニュースでインドの洪水だのアフリカの旱魃《かんばつ》、日本の地震、オーストリアの雪崩だのが映るたびに、イギリス人は**「ああ良かった、わたしはイギリス人で」**と思うのだ。世界の人々はなんて気の毒なんだろう、あんな恐ろしい国に住まなくてはならないなんて！　これだけは自慢できないイギリスの天気（降りもせず照りもせず年中暗い）も、極端な大雨や日照りがないことで逆にメリットに転じてしまう。そのうえ大英帝国のメディアは海外の悪いニュースは盛大に報道し、国民の「ああ良かった、イギリス人で」という安心感を補強するのだ。

この「非方丈記型」セオリーについて先を急ぐと、なにしろイギリス人は天災を知らないため、「仕方がない」とあきらめる不幸の受け入れ方ができない人間になってしまった。そこに、「不幸は間違ったものだ」という信仰が生じる。そして**間違ったものは必ず直すことができるのですよ！**

（ちなみに、こんなイギリス人がカトリックを受け入れられるはずがないので、英国国教会が発明された。いまだに中絶や避妊や体外受精や離婚――すべて間違いを正して人間を幸せにする手段――を認めないカトリックがイギリス人を幸せにしてくれるはずはないのである。離婚を求めてローマと手を切ったヘンリー八世はさすがに先見の明があった。）

まだ腑に落ちない人のためにここで話を「方丈記」に戻すと、鴨長明によれば日本の家というものは「朝顔の露に異ならず」焼けたり壊れたりするのに、イギリスではレンガ造りの家は「as safe as houses（家のように安全）」という決まり文句通り、何代も永遠に続く、この世で一番頼りになる存在なのだ。

また、「人の営み皆愚劣なる中に、さしもあやふき京中の家をつくるとて、宝を費やし、心を悩ます事はすぐれてあぢきなくぞ云々……」のくだりは京の都の大地震や大火事のことを指しているのだが、こんな芸術的文章を近所のイギリス人に見せたら、なるほど、日本人は可哀想に、家でさえ頼りにできないのだな、とますます自信を深めることだろう。こう考えると、本書の副題は、「**方丈記を知らない国民はあきらめが悪い**」とつけても良いかもしれない。

このへんで彼らの「イギリス良いとこ信仰」のために筆者がたびたび被っている迷惑をひとつ挙げておくと、彼らはイギリス人と結婚してイギリスに住んでいる外国人は、必ず英国パスポートを欲しがるものと思っている。だから筆者がいまだに日本のパスポートで満足している理由が理解できないらしい。せっかくこんな世界一の国に住んでいるのに、ちんけな日本のパスポートなど大事に持っていてもしょうがないじゃないか、と心配してくれるのだ。「わたしは日本のパスポートで満足しているんですよ、どこに住んでいたってわたしは日本人なんだし」と説明すると、相手は好意を裏切られた善良な羊のような、きょとんとした顔をする。

さらに彼らは、筆者の日本側の家族は全員日本に住んでいると知ると、それはなぜかと聞きたがる。イギリスに住んでいながら家族を呼び寄せない外国人もいるという事実が彼らには理解できないのだ。パキスタンやアフガニスタンやオマーンからやってきた移民のように、可哀想な外国人はみな、家族どころか親族一同を不幸な国から救い出し、イギリスに呼び寄せて何がなんでも英国パスポートを取得したがるものと思っているらしい。

さて、話を本題に戻すと、理想の幸せ信仰は当然のことながら現代の女性の生き方にも直結する。彼女らには、子育ても仕事も一〇〇%をめざすのは計算が合わず不可能だという理屈が理解できない。一日は誰にとっても二十四時間なのだから、どちらかが七〇%なら残りは三〇%、子育てが六〇%なら仕事は四〇%のはずだが、そんなみみっちい計算は理想の国では間違ったこと。**「一〇〇%プラス一〇〇%は一〇〇%であるべきで、計算の合わない部分は政府が解決するべきだ」**と信じて疑わないのだ。

これだけなら日本人はイギリス人を見て、「まあなんとおめでたい人たちだ」と感心していればよいのだが、あまりおめでたくないことに現実は別な方向に動いている。なにも**「日本人**

もイギリス人の真似をして理想の幸せを追求しようとすると、結局アホを見る」と偉そうなことを言うわけではないが、まあアホを見ているイギリス人がたくさんいるわけです。

身近な例をあげると、理想の社会では国の医療費はすべて無料なわけだが、それでは、と実際に病院へ出かけてみると、次の空いている予約日は来年の三月です、などと言われる。誰でも彼でも無料、どんな治療も無料という制度のせいでイギリスの公立病院は常に満員で金も足りず、医者も看護婦も雇えないのだ。それでは死なないはずの国民が順番を待っている間に死んでしまうではないか⁉

つまり、「揺りかごから墓場まで」の時代には、理想の幸せを追求しようとする人々とそれを支える人々の数が釣り合っていたために、なんとかごまかしもきいたのだが、追求する人ばかりで支える人の少なくなった現代では、どうにも辻妻が合わなくなってしまったわけだ。現状をまとめると、先の判定（めでたさも世界一）とは矛盾するのだが、「**めでたさは、いくらイギリスでも中ぐらい**」ということになる。

この線に沿って社会問題を語ろうとすると、イギリス人ならうっかり口に出してはいけない言葉がある。口にするとたちまちペナルティを課されるのだが、筆者はイギリス人ではないので平然と言ってしまおう――移民。この言葉、レイシスト（人種偏見！）と言われるのが恐くて普通はなかなか口に出せないのだ。最初にイギリス人の不幸は日本にとって「対岸の火事」

と言ったのは、まさにここのところなのです。

イギリス人の古き善きおめでたさを身につけていない人々や、それにただで便乗しようとする人々の波でイギリスの社会は混乱を極めている。アメリカのように元から移民が築いた国とは違うので、多民族国家への転換にまったく用意ができていないうえ、理想の社会をめざす善意の人々の作り上げたシステムにあこがれて押し寄せる移民の数は増えるばかり（ちなみに二〇〇〇年度のイギリスへの亡命申請者は十万人以上、同じ時期の日本への亡命申請者はたったの二百六十人。もともとイギリスには正規の手続きで入って来る移民が多いのに、そのうえの亡命者。数字には違法滞在者の数は含まれていないが、推して知るべしである）。

大変だなあ、などと同情している暇はない。単一民族社会の崩壊という点では日本も将来そうなることは必至だから、今のイギリスの混乱状態は絶対に研究の価値がある。**クレジット・カード犯罪やピッキング程度で驚いている場合ではないのだ。**

ややこしい移民問題についてうっかり書きだすと大変なので、ここでは「それでも移民は文化を豊かにする」とだけ言っておこう。そして本題に戻って長い前書きの結論を繰り返すが、イギリス人は「**人間には完璧な幸せを求める権利がある**」と信じながら毎日生きている。それは信仰と言ってもよく、彼らの不幸はほとんど、この信仰から発生しているのである――というのが筆者の立てた仮定です。

もっとも、こんな仮定に基づいてイギリス人を分析してみても、日本人の役に立つかどうかはわかりません。しかしこの分析の過程で日本人のイギリス観にバランスが取り戻されれば、それだけでも大きな拾いものではないでしょうか。なお、イギリス人の悪口ばかり言っていると思われると困るので、**「立派な理想を持つ人間は、理想も持てない人間よりは立派な人間だ」**と大事なことを先に言っておきましょう。

＊お断り

本書で「イギリス人」と呼んでいるのは、基本的にはアングロ・サクソン系白人のこと。現在の英国では「イングリッシュ」という人種差別的な言葉は廃止され、英国人を指すにはスコットランド人、ウェールズ人、そして非白人（インド系、ジャマイカ系、アラブ系、中国系など）をも含む「ブリティッシュ」という言葉を使わなくてはならない。が、筆者はイギリス人ではないので平気で「イングリッシュ」という差別用語を使うことにする。従って、本書で「イギリス人」と簡単に言う場合、原則として白人以外の英国国民は含まない。含めるとすると、いちいち出身地による違いを説明しなくてはならず、話がまったく先に進まないからである。国についても同様、本来はグレイト・ブリテンと呼ぶべきだが、本書では慣例に従ってイギリスと呼んだり英国と呼んだりしておこう。

また、アングロ・サクソン系白人にもアッパー、ミドル、ワーキングの三つの人種が含まれるわけだが、それも正しく描写しようとするときりがないのでうるさいことは言わず、「まあ大体ミドル・クラス」から「はっきり言ってワーキング・クラス」まで、おおらかに含めることにしておきたい。

第1章

無料《ただ》より高いものはない

理想の医療システム

かつての社会福祉王国・イギリスでも、
老人ホームは料金によってぴんからきりまで。
写真:(上)低所得老人向きの必要最低限の公共アパート
(左下)高所得老人向けに一般家屋を改造した
プライベートの家庭的な老人ホーム
(右下)広い敷地に建つ設備の整ったケア付き老人ホーム

いる。

医療問題。老人福祉。世界中どこに住んでいても、人間が最後に行き着くところは決まっている。

最後と言えば現代ではたいていの人は病院で死ぬので、病院の話から始めてみよう。幸い筆者は年寄り二人（舅と姑）のおかげで、イギリスの病院には通い慣れている。エピソードには事欠かないし、さらに話題としてふさわしいことに、イギリスに長年住んでいる日本人がまず最初に一番感心し、次にあれよと思い、時折り信じがたさと落胆に首を振り、最後には諦める、というパターンをたどるのがイギリスの国民医療システムなのです（ナショナル・ヘルス・システム、略してＮＨＳと呼ばれる。基本的にイギリスの病院はみなＮＨＳ、つまり国営だ）。

このシステムと日本の医療制度との違いを簡単に説明しておくと、日本の医療は国民の払う保険料と治療時の本人負担で支えられているのに対し、イギリスではＮＨＳの予算は国の予算全体から割り振られている。仕事をしている人は年間の給料からコントリビューション（貢献料）を支払うことになっているが、その名の通り貢献はしてもしなくても利益は平等、ＮＨＳは国民全員に無料《ただ》で行き渡っている。

治療はすべて無料《ただ》。初診料もなければ入院費用もかからない。お産も無料《ただ》、放射線治療も無《た》料《だ》、保険制度に一銭も貢献していない外国人でも、とにかく一切合財無料《ただ》なのです。

財源は国の年間予算で、日本のガス工事のような利益者負担という考え方はどこにもない。持てる者（すなわち税金をたくさん払う人）が持たざる者を助けるのが、このシステムの精神なのだ。（一方、プライベートと言って個人で金を払って治療を受ける道もあるが、これは料金がすごく高いので普通は手が出ない。）

この章の内容は、イギリスのNHSは理想のシステムである→理想のシステムは実現不可能である、と結論まで決まっているのだが、何はともあれ最初に体験談を挙げておこう。

姑が入院した。転んで足首を折ったのだが、たいしたことはなく二週間で退院。治療は無料、入院中の食費もなにも一切かからない。おお、さすが大英帝国の医療システム！　と筆者は感激した。およそ十二、三年前、一九八〇年代の保守党の時代のことだ。

退院の予定が決まった日、「月曜日の朝、病院の送迎車で送り届けます」と言われて再び感激。なるほど、家族が迎えに行かなくても良いわけか、国の医療たるもの、これでなくてはいけない。「黒人の看護婦に世話をされるのは嫌だ」と前世紀的発言をして息子夫婦（筆者のことだ！）を赤面させた姑だが、文句を言っては罰があたる。送迎バスは車椅子のまま乗り降りができ、地区ごとに各患者の家を回ってくれるのだという。

しかし当日、姑は待てど暮らせど帰ってこない。なんと、四階の病室から送迎バスの駐車場まで車椅子で運ぶのに、ポーターが忙しくて都合がつかなかったのだ。その日は病院中で何人もいるポーターがみな忙しく、「緊急」でない退院患者にまで手が回らなかったらしい。姑は一日中ぼんやりとベッドに腰をかけて待っていた。電話で問い合わせると、もう今日の送迎バスは終わってしまったので、明日一番で届けます、と宅配便のようなことを言う。それなら昼間のうちに一本電話をよこして、迎えに来いと言ってくれればよかったのに。

まあ仕方がない。イギリスの病院はみな地区にひとつの総合病院で、ありとあらゆる病気や怪我を全部一カ所で扱うことになっているから、患者を動かすのも広い廊下を行ったり来たり。受付から病室へ行くにも途中で地図を見ないとたどりつけないほどで、ポーターはひっぱりだこなのだ。こういうこともたまにはあるのだろう。それにしても世界一のシステムを誇るNHSが、たかがポーター一人回せないくらいで患者をもう一晩泊める必要があるのだろうか？

思えばあの頃からNHSの崩壊はゆっくり始まっていたのだろう。同じことが半年も経たないうちに繰り返された。姑は再び転んで今度は手首と肋骨を折り、救急車で病院へ。

入院が決まったものの病室がなかなかとれず、ストレッチャーに乗ったまま午後は過ぎ、夜も過ぎ、ようやくベッドを確保してもらったと思ったら、今度は何時間待ってもポーターがやってこない。救急科なので患者をレントゲン室に運んだり遠くの病棟に運んだりで、都合がつかないのだ。それなら付き添いの家族が運べば良いじゃないか？

「規則でできないことになっています、危険なので」

車椅子を押して歩くのに何が危険なのか？　押し問答の末、ポーターがやってきたのは夜中の二時過ぎだった。ふん、理想のNHSでもこういうことがあるのだな。まあ、家族の手を煩わさないという決意は立派だが。それにしてもここは本当にイギリスか？　待っている間に出入りする看護婦、医者、ポーター、みんな筆者と同じ有色人種だ。姑がまた文句を言うぞ。なんでここには白人がいないのだろう？

以後、姑は約半年に一回転び、あちこちの骨を折り、その度にNHSの病院で家族は不思議な体験をする。手術の日に用意して待っていると、医者（もちろんインド人だ）が忙しいのでキャンセルになる。仕方がない、もっと緊急の患者が出たのだろう。じゃあ手術は明日ですか？　いえ、明日は全部予定が詰まっています、明日だけじゃない、あさっても、しあさっても。じゃあ手術はいつやってくれるんです？　次にキャンセルが出た時に……看護婦さん（もちろんタイ人だ）がそう説明してくれる。

全て無料のNHSだからこういうこともあるのだろう。それなら自費を出してプライベートでやります、と舅は申し出た。舅も金が有りあまっているわけではないが、最愛の妻のためだ。

「それはできません」

「なぜです？」

「もうNHSのウェイティング・リストに名前が載っていますから、プライベートに回したりしたらコンピューターが混乱してしまう。だいたいこんな簡単な手術のために御老人に金を払わせるわけにはいきませんから、任せておいてください」

つまり医療は無料であるべきだから心配するな、という親切心なのだな。ありがたいことだ。で、待つ。ひたすら待たされる。待っている時間が長いので、新聞がたくさん読める。おお、医療関係のニュースがたくさん出ているなあ。

〈昨年度、英国防衛省では陸軍従業員の性転換手術を五件許可した。ホルモン治療およびカウンセリングは陸軍病院で、最終的な手術は一般のNHSの病院で行なわれている。〉

陸軍の従業員というのは兵隊さんのことか？　ああ「男性兵士」とちゃんと書いてある。陸軍病院と一般のNHSの病院で治療、ということはすべて無料ということだな。さすがイギリスは進んでいる。陸軍兵士の性転換手術も国の医療システムで無料でやってくれるのか。

〈国民の税金を費やすことについて陸軍の担当医は、「間違った肉体に捕らわれた患者の精神を救うには、性転換しか方法がない場合もある。医学上の必要性があると認められた手術の

み認可している」と陸軍の決定を説明している。〉

うわぁ、良い医者だなあ。そんな手術はしたければ自分で勝手に自費でやれ、と言われても仕方がないのに、医学上必要な治療だと認めれば無料でやってくれるのだ。リポサクション（脂肪吸引術）も医学上の必要性を認めたので実施しましたって？　そりゃあ分かる、陸軍兵士がビール腹を抱えていたら戦もできない、美容整形というよりは生きるか死ぬかの問題だ。

〈また、陸軍に続き刑務所でも性転換手術が許可されていることが明らかにされた。服役中の男性五名がＮＨＳの病院で手術を受け、退院後は女性刑務所に戻されている。〉

なるほど、服役中の囚人だって差別をしてはいけないのだな。国民が無料で治療を受ける権利は堀の外も中も同じ、さすがにイギリス、民主主義も半端じゃない。あ、こっちには心臓移植のニュースも出ている。

〈サマーセット地方、ヨーヴィルで、七歳の子供がウイルス感染から心臓機能に深刻な支障をきたしたが、数時間後にはロンドンのグレイト・オーモンド（子供専門病院）から専門医のチームが専用機で到着。緊急措置を施したうえ、子供をすみやかにロンドンに送った。十日後には心臓移植の提供者がみつかり、手術は成功。英国内では毎年二百件以上の心臓移植手術が行なわれているが、常時二百人近くのウェイティング・リストがある。〉

なるほど、サマーセットで子供が死にかけていると、即ロンドンから飛行機で専門医が飛んできてくれるのか。たいしたものだ。姑の車椅子を押してくれるポーターがいなくて退院が遅れるというような枝葉末節に捕らわれていてはいけない、物事は大局的に見なければ。

そうこうしているうちに、今度は舅の白内障の手術がキャンセルになった。三カ月前から予定していた日時が緊急の患者で塞がってしまったらしい。手術担当医（もちろんパキスタン人だ）のスケジュールが空くまで待機と言われる。

一週間後の金曜日に電話がかかってきて、月曜日にいらっしゃいと言われる。入院の支度をして行くと、予定の三十分前になって再びキャンセルになる。また急患が入ってきたらしい。

変だな、そんなに医者が足りないのか？　ちょっとそこで待っていてくださいと言われて待つ。また新聞がたくさん読めるぞ。「NHSの地方格差広がる——地区によりこれほど違う体外受精の待ち時間」だって？

〈NHSで扱う体外受精の件数は毎年増えているが、専門医の数や割当予算にばらつきがあるため、早く治療が受けられる地域もあれば、ロンドンの中心部のように待ち時間が三年に及ぶ地域もある。患者の年齢によっては時間との戦いがあるため、待ちきれずに私費を出してプライベートのクリニックに駆け込むケースが増えている。〉

なんだって、ここじゃあ体外受精もNHSで無料でやってくれるのか。三年も待つというけれど、日本じゃ何年待ったって無料でなんかやってくれないぞ。やっぱり進んでいるのだ、イギリスは。あ、豊胸手術もNHSだ！　サイズのリダクションもあり、と書いてある。

〈胸が小さくて自信の無い人生を送っている女性は、精神的に治療不可能な傷を抱えている。そのために人間関係もキャリアも制限され、鬱病状態に陥る患者もいる。その場合にはNHSの予算内で豊胸手術を行なうのが正当である、と整形外科医師会は主張している。〉

主張している、ということは、やっぱり反対する人もいるわけだな。サイズを小さくする方はNHSで認められやすい、と書いてある。胸が大き過ぎると肉体的な弊害もあるから、国の医療システムでも許可しやすいわけだ。こんなに親切に何もかも国の医療で無料でやってくれるから、医者も看護婦も忙しい。だから舅の白内障の手術くらい遅れても仕方がないな。

それから姑が肺に血栓ができて入院した。血栓は足から上がってきて肺に漂着したらしい。二週間入院・治療したおかげで経過は良好、明日退院しましょう、と言われる。

明日はやって来て、あさってになる。姑はまたもや、ぼんやりベッドで待っていたらしい。問い合わせると、「退院前の最後の血液検査の結果を待っているので、それが来てからでないと退院させられません」と言われる。

その日の朝一番で採血してラボに送るはずだったのが、手のすいている看護婦がいなくて昼過ぎになってしまったのだ。急ぎで送ったけれど、まだ結果が届いていない。ラボでは大病院のすべての科の血液検査を引き受けているのだから、急ぎのサンプルが溜まっていて姑のは後回しになっているのだろう、大変だなあ。

しかしおせっかいをしてラボに問い合わせてみると、結果はとっくに出ているという。ちゃんと書類にも記入してある。ところがその書類を入院病棟へ届けに行く人手が足りないのだ！「え、じゃあわたしが取りに行きましょうか？」「駄目です、一般の方にはお渡しできません、規則ですから。それに送迎バスは終わりましたからね、今日はもう退院できませんよ」

がっかりして姑はベッドに戻る。このベッドが空けば待合い室で順番を待っている人が入れるのではないだろうか？「あの、連れて帰っちゃあいけませんか、血液検査の結果は明日聞きにきますから」「そうですねえ、ちょっと待っていてください、ドクターに聞いてみないと」ドクター（もちろんナイジェリア人だ）は広い総合病院のかなたのどこの病棟にいるのかわからない。エレベーターをいくつも昇って降りて、故障している所は歩かないと。ＮＨＳの病院はどこも古いのだ。待っているあいだに、またどんどん新聞が読める。「こんなに遅れているＨＲＴ」――ＨＲＴというのはホルモン・リプレイスメント・セラピー、つまり更年期の女性のホルモン補充治療のことだな。

〈イギリスではＨＲＴを受ける女性の数はアメリカに比べると非常に少ない。更年期に達した女性のうちＮＨＳでホルモン治療を受けているのはたったの三分の一で、更年期障害を意識していても積極的に治療を求めない女性もいる。アメリカでは更年期障害に悩む女性のうち八〇％以上がＨＲＴを受けていることを考えると、イギリスは後進国である。〉

三分の一で後進国か、すごいなあ。更年期障害のホルモン治療も無料なのだ。アメリカはもっと進んでいると言うけれど、あそこは国の保険ではなくて個人の保険負担だから、それに比べたら国でやってくれるイギリスはやっぱりたいしたものだ。年寄りの血液検査の結果なんか遅れても仕方がないか。それからこれは何だろう？　サリー地方、ＮＨＳと連携でポスト・トラウマ・カウンセリング開始と書いてある。

〈災害や犯罪の被害にあい、心的外傷後ストレス障害（ＰＴＳＤ）に悩んでいる患者にとって、カウンセリングは欠かせない。消防士、警察官などの職業ではＰＴＳＤの治療の必要性は広く認められているが、犯罪の被害者など、一般の国民は治療を受けないケースも多い。サリー地方ではＮＨＳと提携してカウンセリング・サービスを開始した。〉

費用はすべて無料、とある。ＰＴＳＤというのは認定しにくい場合もあるんじゃないですか、なんて言ったら袋叩きにされてしまう。自己申告はすべて認定、もちろん国は国民全員の面倒を無料でみるべきなのです。

そうこうしているうちに、姑がまた転んで今度は大腿骨骨折。手術後、麻酔からさめると様子が変だ。転んだショックで脳卒中か何か起こしたのか？　言葉がうまく出てこない。四週間入院して、言語障害はそのままだが家に帰ることになった。リハビリにはスピーチ・セラピー専門の訓練士が週に一回来てくれるという。治りますか？　治りますよ、かなり治ります、これは早さが決め手でして、治療の開始は早ければ早いほど効果があるのです、じゃあよろしくお願いします……もちろん国の医療だから無料だ。ありがたいなあ。

退院して家で待っている。訓練士はなかなかやって来ない。一カ月経過する。まだ来ない。問い合わせると、ちゃんとウェイティング・リストに名前は載っているから安心するようにと言われる。「あの、それなら私費でできませんでしょうか?」「そんな必要はありません、プライベートは高いですよ、大丈夫、ちゃんとNHSで手配してありますから待っていてください」三カ月経って訓練士(もちろん南アフリカ人だ)が家庭訪問に来てくれた。

「残念ですねえ、もうだいぶ日数が経っているから。もっと早く始められれば良かったのに」残念とは何たる言い草か、と姑は言いたかっただろうけれど、口がもつれているのでうまく言えなかったのは幸いだ。うちの姑は元気なうちは口が悪いので有名だった。

以上がイギリスの国民医療システムにガタが出始めた一九九〇年代のエピソードなのだが、二〇〇〇年代の今ではこんなことはもう話題にもならない。NHSの順番待ちの長さは十年前とはケタが違い、ファミリー・ドクターに耳鼻科や皮膚科や整形外科の専門医を紹介してもらうと、あなたの最初の予約は二〇〇四年の十月三日です、というレターが戻ってくる。間違いかと思って電話をしてしまうと、間違いではない。二〇〇四年といったら再来年じゃありませんか。

社会福祉がセールスポイントの労働党は、皮肉なことに貢献者より受益者をどんどん増やすので、医療はとても全員には行き渡らないのだ。救急科に駆け込んでもその日のうちに手当はしてもらえない。待っているあいだに盲腸は破裂するし、治るものは自然に治ってしまう。緊急でない老人の膝や股関節の外科手術となると、「当病院の現在の待ち時間は八十四週間です」と言われる。家に帰ってから数えてみると、八十四週間というのは一年と八カ月ではないか。

筆者が感激した老人の送り迎えも、もうめったにはやってくれない。スタッフがどんどん辞めていくので、海外から看護婦や医者を募集している。看護婦の出身地はフィリピンやタイ、オーストラリア、医者はインドにパキスタン、南アフリカ、ナイジェリア……ナイジェリアの医者など連れてきてしまって、向こうだって医者は足りないんじゃないのか、大丈夫か⁉

NHSの問題点とその解決法は一目瞭然なのだが、あえて箇条書きにすると、

(1) 財源が足りないのだから、国民は全員保険料を支払うべき。
(2) さらに初診料を導入し、入院中は患者から食費くらいは請求する。
(3) 高所得者にはもっと払わせる。外国人にも保険料を支払わせる。
(4) 保険による無料治療はどこかで足切りが必要。盲腸と性転換手術を一緒にするな。

以上、簡単なことなのに、イギリスではひとつも実行されない。それどころか外国人が忠告しようものなら、フンッ、という一言で却下される。なぜだ？　こんな簡単なことがなぜ分か

らないのだ!?

それは彼らには彼らの理由があるからです。つまり、「我々には理想を追求する権利がある」という信仰が理由です。なんと筆者のような外国人がイギリスの医療の欠陥と思っている点こそが、彼らの誇る医療制度の存在理由そのものなのだ。右記の四点は、そのままイギリスのシステムの美点なのである。

(1) 大英帝国たるもの、国民の医療は国の予算でまかなうべきである。健康保険料など、おぞましい増税行為にほかならない。

(2) 治療は無料《ただ》と言ったら無料《ただ》、国の病院に国民を入院させておいて食費を請求するなんてせせこましい、そのうえ困っている病人に初診料を払わせるのは、もってのほかである。

(3) 医療は国民すべてに平等、患者の収入や保険料の支払いをチェックするのは卑劣な行為である。また、大英帝国たるもの、この地を踏んだ外国人にもすべて高度な医療の恩恵を受けさせるべきで、治療費を請求するのは恥ずべき行為である。

(4) 国民を幸せにするためなら、どんな治療も差別をしてはいけない。性転換が必要と認められたら、「そんな手術をやっているうちに盲腸の患者が順番待ちで破裂してしまう」などと言うのはたちの悪い脅かしだ。

きれいごとばかり言って！　と思うのは日本人の悪い癖で、なにしろイギリス国民はそんなきれいごとがかなうと信じている、いや、「かなうと信じる権利」を信じているわけです。

だから理想と現実との格差が広がり、医療システムにあちこち亀裂が走りかけても、妥協して理想を低くしたりはしない。理想はあくまで正しい、実現できなかったからといって理想の正しさが損なわれるわけではない、と彼らは思っているのだ。

金が足りないから医者や看護婦に逃げられてしまい、海外から安い労働力を募集する。せめて患者から一人当たり十ポンドなり二十ポンドなり請求したら国産の看護婦も雇えるんじゃないかなぁ……そう言うと、患者から金を取るなんて、そんな卑怯な！　とくる。では、そのあいだにどんどん順番待ちが長くなって、病気が悪化したり死んでいく国民はどうするのだろうかって？　外国人がそんな心配をするのは、それこそ身のほど知らずというものだ。理想のなんたるかも知らないくせに！

さて、ここから日本人が得ることのできる教訓があるだろうか？　たぶん、無い。なぜなら日本人は最初から理想のシステムなんて信じていないからだ。強いて言えば、日本の医療制度もイギリスに比べれば悪くはないと安心して、その分ストレスが減る、という利点はあるかもしれない。イギリスに短期間滞在して、たまたまラッキーで待つこともなく無料の治療を受けた人はNHSを見直すかもしれないが、実態はほとんど当てにならないのである。ラッキーなのは十度に一度。理想のシステムは理想であるがゆえに必ず崩壊するのだ。

それからもうひとつ、財源がひとつの医療システムは、どうしてもその分配に「ひいき」が出るということも覚えておこう。現在、イギリスの医療で一番得をしているのは子供。子供の病気はすぐ見てもらえるし、専門医にもすぐ回してもらえる。心肺同時移植、心腎同時移植なども真っ先にやってくれる。とにかく可愛い子供を死なせてはいけないからだ。すると限られた予算・人材のせいで後回しになるのはどうしても可愛くない老人だ。

というわけで、次は老人介護に話を進めましょう。

イギリスは理想の医療システムを追うばかりに、世界一のシステムを殺してしまった。ここからの回復の道はひとつしかない。理想を捨てることだ――と外国人は簡単に言うけれど、これが難しい。「予算が足りないので、手始めに、老人医療は無料の自宅介護をきれいさっぱり諦めてください」なんて、当たり前のことを言える勇気ある政治家はいないだろう。

理想を言えば、誰だって家が一番良いに決まっている。しかし日本と違って子供と同居という観念がまったくない社会では、自宅になるべく最後まで住もうとする老人のために、国がせっせと看護婦や介護人を通わせなくてはならない。そうすると一人の介護人が一日に面倒をみられる人数はたかが知れているから、どんどん予算が食われていくわりには万人には行き届かない。質も下がる。悲しいことだが忙し過ぎるとケアにも心がこもらなくなる。スケジュールをこなすこと自体が目的になってしまうのだ。

解決法はただひとつ、自宅介護はすっぱり諦めて、基本的な日常生活ができなくなった老人は全員収容すべく、国は何を置いても老人ホームをどんどん建てるしかない。維持不可能な理想の自宅介護に税金を使いつくして国民と共倒れする前に、現在全国で訪問介護にバラバラに費やしている莫大な費用をつぎこめば、設備の良い老人ホームが建てられる。その中で、なるべく自立した生活を守るような体制も整えられるだろう。老人ホームはプライバシーが無いから嫌われるというのなら、プライバシーを与えれば良いのだ。なにも豪華ホテルを建てろと言っているわけではない、たいていのプライバシーはドアひとつで達成される。

日本でもなるべくなら自宅介護が理想、と思っている人は多いだろうし、日本とイギリスは事情が違うからそれも実現可能だと思われているかもしれない。が、ちょっと考えてみればすぐ分かるが、そんなことはないですよ。自宅介護は必ず挫折する。なぜなら日本の自宅介護は、配偶者以外の家族の犠牲の上に成り立っているからです（配偶者は普通、自分の妻や夫を世話することは犠牲だとは感じない、という美しい前提のもとでこういう言い方をしています）。

親思いの息子や娘がいたり、介護を交代で引き受ける暖かい大家族がいたり、優しいお嫁さん（お婿さん）、もしくは心の中は鬼でも外面は天使のお嫁さん（お婿さん）が存在するうちは良いけれど、日本もこれからの家族は犠牲になるのを拒むだろうし、犠牲にしようにも子供も孫もいない夫婦が増えてゆく。外面天使のお嫁さんだっているだけましだけれど、それもいなくなる。となると今のイギリスのように、自宅介護はすべて他人の手に頼ることになる。それは遅かれ早かれ挫折するのだ。

こんなことを言うと誤解を受けるかもしれないが、何も自分でがんばれるうちからみなさんホームに行きましょうと言っているわけではない。どこで線を引くかといったら、自力でトイレに行けなくなった時。自分で食事を口元に運べなくなった時。それを助けてくれる配偶者がいなくなった時。

しかし筆者のような外国人がイギリス人にこんなことを言っても無駄です。なにしろ家に対する執着は日本人の比ではないから、訪問介護で国の予算はどんどん減り、看護婦も介護人も予定が詰まっているので来たかと思うとすぐに帰ってしまう。お風呂にだって無料で入れてくれるけれど、丁寧にやっている時間はないから、結局は世話が行き届かず、娘や息子夫婦（筆者のことだ！）が通って面倒をみることになる。それくらいならきちんとした老人ホームに移ってゆっくり世話をしてもらった方が良いと思うが、彼らは自分の家や家具に対する執着を捨てることはできない。なにしろ方丈記を知らない人たちですから。

ここで参考までに、老人介護についてびっくりするほどイギリス人の考え方を現わしているニュースに遭遇したので、おまけとしてつけ加えておきましょう。

〈ブレア首相、老人裏切りの非難浴びる〉

老人介護問題のアドヴァイザー、クレア・レイナー女史は、労働党政府の老人ケア改革案に反対を表明し、厳しい非難を浴びせた。

政府の新しい規定によると、公立の老人ホームの入居者は「純粋な医療ケア」は国の負担で無料で受けられるが、「個人的なケア」は自己負担しなくてはならない。そうなると週に三百〜四百ポンド（約五万〜七万円）はかかることになり、入居者は貯金をはたくことを余儀なくされ、自分の家を売って費用を支払わねばならなくなる。レイナー女史は「それは絶対に容認できない」と言っている。

「老人はNHSから当然受けるべきサービスを受けていない。戦争を経験した世代の人々は国から「揺りかごから墓場まで」のケアを約束されていたのに、新しい規定によれば、食事の介助も入浴も医療ケアではなく個人ケアとみなされることになる」

同女史は、特にホームでケアを受けるために老人が自分の家を売らなくてはならない事態には呆れ果ててしまうとし、「家を売れば老人は生きる気力を無くしてしまう。老人に対する国の裏切り行為はまったくショッキングだ」と言っている。

（テレグラフ紙、二〇〇一年九月二十三日）

老人ホームで良いケアを受けるために本人が貯金を使ったり家を売ったりするのがとんでもない裏切りなら、いったい誰がその費用を払うのだろう？　そもそも貯金とはそのためにするものではないのか？　と一瞬頭が混乱するのは日本人の悲しさなのだろう。

そういえば、すぐ近所の老人ホームに入っているおばあさんも、自分の家はそのまま空家にしてあって、時々息子が見回りに来ている。入っている老人ホームは中級ランクだ。もう家に戻るつもりはないのだから、家は売ってその金で今より良い老人ホームに入るとか、もっと良いケアを受けるとかすれば良いのに、と不思議に思っていたのだけれど、そうか、そんなことをしたら生きる気力がなくなっちゃうんですね。なにしろイギリス人は自分の家と犬がなければ人間ではない国民ですから。でも、すべての老人が貯金にも家にも手をつけず、老人ホームに入って無料で行き届いた世話を受けることができるなんて、そんな理想がどうやって実現すると思っているのだろうか？　この発言をした人は、心が暖かくて優しいというよりは、単に計算に弱いのかもしれない。

しかし最後にもう一度、イギリス人に対して判定をくだす前に言っておこう。たとえかなわない理想でも、まったく理想を持てないよりは立派だ、と。

［メモ1］――**ホームとハウス**　家に対する執着心は、イギリス人と日本人では質が違う。日本人が「家で死にたい」というのは家族が世話をしてくれることが前提で、つまり純粋に家という建物に対する執着ではなく、家族への執着がからんでいるわけだ。その証拠に、「長男（次男）が引き取る」という現象がある。引き取られる先は自分が長年住んだ家でなくても良いわけだ。一方イギリス人は、子供に引き取ってもらうとか、同居して世話をしてもらうという考えは無い。あくまで建物としての自分の家と家具への執着で（つまり、"home"ではなく、"house"の家）、そこには子供は含まれていない。

［メモ2］――**老後は外国人のお世話に**　老人の家にNHSから派遣される看護婦や介護人も外国人が多い。給料が少なければそういうことになるのだ。日本も同じ道をたどるだろうから、今のうちに老後は外国人に頼る覚悟をしておきましょう。国も不法侵入にめくじらをたてるより、外国人を歓迎せざるを得なくなるかもしれない。そうなったら歓迎すれば良いじゃありませんか。イギリスを見ればわかる通り、ビザを出し渋れば不法滞在者は余計に増える。

［メモ3］――**いばらない医者**　NHSの悪口ばかり書いたが、最初にお断りしたとおり、これはバランスを取るため。現実には良いこともまだたくさんあって、たとえばどこの病院へ行っても外国人だからと差別されることはない。自国民でさえ貢献料を払っていない人がたくさんいるのだから、外国人でも差別する理由はないわけだ。

また、日本に比べると全体的に医者がいばっていない。医者のマナーはたいてい良いし、聞けば何でも説明してくれる。日本の小さな個人病院では医者はいばっていられるかもしれないが、巨大な組織のN

HSに雇われている医者は態度が悪いとチェックされやすいし告げ口もされやすいのだろう(もちろん例外はいるが)。なにしろ金不足だから細やかなケアや心遣いは望めないが、いばられるよりは良い。また日本のように「成績が良いから」とか「親のあとを継ぐから」という理由で医学部へ行く習慣がないので、比較的適性のある人が医者になる。

[メモ4]——ピンからキリまでの老人ホーム　元貴族の屋敷を改造した優雅なインテリア。ステンドグラスの飾り窓。オーク材のパネルに猫足の家具。広い敷地には緑があふれ、バラの花のこぼれる小道を老夫婦が手をつないでゆっくりと午後の散策……こんな贅沢ホームはいくらでもあるが、高い。庶民はこんなホームには入れませんから、日本人も羨ましく思わないでよろしい。

中くらいの庶民の入るホームは、ゆったりとした緑の郊外から、窮屈で日当たりの悪い町中へと、どんどん値段の順に下がっていく。格差を縮めるには金のある人には医療費を払わせ、その分を金のない老人のケアに回せばよいのだろうが、イギリスの医療費無料の原則を破って選挙に勝てる政党はいないだろう。日本人が医療費を払っているのは実は良いことなのだとつくづく納得がいく。

第2章

めざせ一男一女

理想のダディと理想の政治家

最近のイギリスの選挙は、候補者のイメージとして
「子だくさんの良き家庭人像」を宣伝して争われる。
普段は家族のプライバシーを主張するブレア首相も、
必要な時には自分の四人の子供を使って国民にアピールする。
写真:ブレア一家の家族写真を載せたタイムズ紙

前の章で老人の話をしたので、次はさかのぼって赤ん坊についてです。

話を始める前に、まず扉頁の写真を見てください。これは日本でもお馴染みの英国首相、トニー・ブレアさん一家の写真です。二〇〇一年の総選挙の前にはこの手の写真が各紙に載り、敵方・保守党のPR本部を悔しがらせたものですが、その理由は少しあとで。とりあえずここでは幸せなブレア一家のイメージをよく見て、覚えておいてください。

さて、本題の赤ん坊です。まずは前書きにも紹介したちょっと不思議な事件の新聞記事から。


〈三つ子の両親、不妊治療クリニックを起訴〉

サウス・ヨークシャーに住むトンプソン夫妻はシェフィールド市のクリニックを相手取り、不妊治療の結果生まれた三つ子のうち、三人目の子供の養育費を請求する訴えを起こした。養育費の見積もりは約十万ポンド（約千七百万円）。

夫妻は体外受精で男二人・女一人の三つ子を授かったものの、治療時に受精卵三個を使うことについては十分説明を受けていなかったと主張、クリニックに賠償を求めている。

トンプソン夫人は「一人かせいぜい二人の子供を望んでいたのに、三つ子が生まれたことによって子育てに負担がかかり、当時営んでいた新聞雑貨屋の商売をやめなければならなかった」と訴え、裁判所はその主張を認めた。賠償金額は次回の審問で決定される見込み。

（二〇〇〇年十一月二十五日、デイリー・テレグラフ紙）

幸い、この夫婦は十万ポンド全額を勝ち取ることはできず、最終的にはそれよりずっと少ない二万ポンドを示談で受け取ることになった。幸い、というのが訴えられた病院側はもちろんのこと、大方の一般市民の心情だろう――とあなたは思いますか？

そもそもなぜこんな（と筆者は日本人なので思ってしまう）訴訟が起きたのか。なぜ裁判所は夫婦に有利な判決を下したのか。考える前に今までの歴史を復習してみよう。

一九七八年七月二十五日。イギリスのオールダムで、世界初の体外受精児ルイーズ・ブラウン誕生。この日以来、世界中の子供のできない夫婦は今までのように「神様にお願い」などしなくても、「医学の力に頼れば子供ができる」という希望を与えられたことになる。

その後、体外受精をはじめとする生殖医療はどのように使われてきたか。不妊に悩む夫婦に可愛い子供を授けるため――というのは日本人らしいナイーブな答え。イギリスでは、「ありとあらゆる検査を乗り越え、長い予約待ちを堪え忍んで一生懸命頑張ればきっと成功する！」という努力信仰が、いわゆる不妊に悩む夫婦の枠を越えて国中に蔓延したのです。

たとえば、女性が五十歳を過ぎて「わたし、今頃になって子供が欲しくなっちゃったのよね」という場合は普通は不妊とは言わない。通常の生殖年齢を越えているからだ。ところが若い女性から卵子をもらうドナー・エッグを利用すれば、理論的にはいくつになっても妊娠することができる（イギリスでは五十八歳で双子を生んだ例もあれば、年齢制限のないイタリアで治療を受けて妊娠した六十過ぎの女性もいる）。

さらにドナー・エッグも効果がない場合には、代理母という手もある。イギリス初の代理母出産は一九八五年で、その後、病気で子宮を失ったり子宮を持たずに生まれた娘のために母親が代理母の役割を引き受けるケースが続出した（この場合、娘の卵子を使うので、つまりややこしいことに母親は自分の孫を生むわけです）。

では、基本に戻って「子供が欲しいけれど肝心の相手がいない場合」にはどうするか。独身の女性ならなにも焦って夫候補を探さなくても、「赤の他人」から精子をもらって妊娠できるのだから、独身の男性の場合だって同様のチャンスがあってしかるべきだ（ここで男女同権という切札を思い出していただきたい）。

もちろん男は赤の他人の女性の卵をもらって妊娠するわけにはいかないから、代理母を雇うことになる。そしてそこまで男女同権を言うならば、ゲイのカップルの同権も言うべきで、男二人がそろって不妊クリニックにやって来て「実は僕たち子供が欲しくなっちゃったんですけど」と訴えたら、「馬鹿を言っちゃあいけない」と追い返すのは差別なのです（理想の社会では建前としてあらゆる差別は存在しないことになっている）。

実際、レズビアン（女性同士）のカップルの一方がドナー精子で生んだ子供を二人の子供として改めて養子登録したり、ゲイ（男性同士）のカップルが代理母を探したりするケースが増えている。そのような例は、日本でもそろそろ出てくるかもしれない。イギリスでは最初から当たり前だった夫婦間以外の体外受精も、日本では二〇〇一年に許可されたそうだし、これからは今まで考えられなかったようなケースが出てくるだろう。

それからもうひとつ、ついでに究極の生殖技術を挙げておくと、一九九九年にはイギリスのリーズ大学が卵巣の冷凍移植技術を完成させている。

この技術を使うと、たとえばガンの放射線治療で卵巣の機能が損なわれるおそれがある場合、治療前に卵巣の一部を冷凍しておいて、治療後それを解凍して体内に戻せばガンの治癒後に子供を生むことができる。つまりガン患者にとっては画期的な新技術なのだが、利用法しだいでは、極端な話、忙しいキャリア・ウーマンが若いうちに卵巣を冷凍保存しておいて、キャリアが成功して子供が欲しくなった頃になってから解凍移植で戻せば、四十代五十代になっても子供が生めることになる（——とメディアは騒ぎたてたけれど、それは将来技術的に可能というだけで、本当にそこまでして高年齢出産をしたがるキャリア・ウーマンがたくさんいるかどうかは分からない。ついでに言っておくと、先回りして騒いだのは男性記者がほとんどである）。

とまあ、詳しく見ていけば切りがないけれど、一言でまとめると、「生殖医療の普及により、（技術的には）誰でもいつでも子供が生める時代になった」。これが全体の背景です。

話を最初の新聞記事に戻そう。三つ子の訴訟です。

「不妊に悩んでいたのに健康な子供が生まれただけでもありがたいと思うべきで、一人か二人と思っていたのが三人だったからといって病院を訴えるなんて感謝の気持ちが足りん！」と思いませんか？　そう思うのはいかにも日本人で、このイギリス人の夫婦にしてみたら、体外受精で待望の子供が生まれたのは「ありがたい＝有り難い＝ラッキー！」というよりは「当たり前」なのですね。

ご存知のように体外受精は百発百中ではなく、それどころか成功率はせいぜい二〇％（それより高い数字は、出産率ではなく妊娠率だったり、三十歳以下の患者に限った場合だったりする）。だから「誰でもいつでも」と言ったって失敗する率の方が高いわけだけれど、たいていのカップルはそういう風には考えていない。なぜかというと、欲しいのに子供ができない、という不幸はあり得べからざることで、治療が失敗することはあってはいけないからだ。そして医学の進歩を利用して子供を作るのは当然の権利とみなされる。だから、日本では保険のきかない体外受精でも、イギリスでは国民医療システム（ＮＨＳ）で長い順番さえ待てば無料で受けられるわけだ（他人の不妊治療のために俺たちは高い税金を払っているのか！　と怒る人もいますが）。

この「当然の権利」という考え方は適用範囲がものすごく広くて、たとえば心臓と肺に欠陥があってそのままでは生きられない子供が心肺同時移植を受けるのも「当然の権利」で、そうなると、移植のぴったりとした提供者がみつからないのは「ひどいこと」だし、子供を亡くしたばかりの親が自分の子供の内臓を寄付しないのは「自分勝手だ」と非難するところまで行き着いてしまう。

子供の心肺同時移植のためには、提供者は患者と同じ年頃で「脳死状態」でなくてはならないが、もともと本人がドナー・カードを持ち歩いていたのならともかく、子供の心臓がまだ動いているうちに「早く早く」と親をせかして提供させるわけにはいかない。脳死問題はもちろんのこと、人間の命を心身トータルなものではなく部品の寄り集まりとみなしがちな内臓移植には、疑問を感じる人だっているだろう。それを自分勝手と決めつけてもよいのか。自分の子供が難病で死にかけているとしたら必死になるのも当然だが、実際に提供をためらう他人を責める親がいるとしたら――内臓提供はあくまで自由意志の、いわば自発的な愛の行為のはずではないだろうか。

提供者が見つからなくて子供が死んでしまったら、悔いや恨みは消えなくても、「これがこの子の寿命だったのだから仕方がない」と日本人の親なら思おうとするだろう。それを悲しみのあまり「提供者がいないためにうちの子供は殺された」と怒る――そこまでいけば悲しいことだが煩悩ではないか。なぜなら、自分の子供を救うためには、他人の子供が都合良いタイミングで死んでくれなくてはならないのだから。もちろんイギリス人の親が全員こんな考え方をしているわけではないが。

もうひとつ、駄目押しをするようですが例を挙げておきましょう。これも新聞記事からです。

〈六歳の女の子の身体の調子がすぐれず、病院へ連れて行ったところ原因が分からない。二ヶ月の間に九人の医者に入れ替わり立ち替わりみてもらったが病因がみつからず、子供は死亡した。解剖の結果、死因は珍しい心臓の欠陥であることが分かった。しかし、母親は「あの子は大事なひとりっ子だったのに死んでしまった」と嘆き、病院を怠慢過失で訴えている。〉

（二〇〇一年八月一日、デイリー・テレグラフ紙）

医療ミスは確かにある。特に日本では、実際にミスがあったにもかかわらず患者が泣き寝入りをするケースの方がずっと多いだろう。だが、とりあってくれなかったのならともかく、九人の医者が診ても子供が死ぬのを防げなかったとしたら、大事なひとりっ子であるとないとに関わらず、医者の怠慢ではなく不運と言うべきではないだろうか。あるいは医者はどんな難病も解決できなくては、怠慢とみなされて訴えられても仕方がないのか。

不幸にしてたったひとりの子供だって病気で死ぬこともあるという「現実」をどうしても受け入れられない人々は、「子供は二人、一男一女」という「理想」が叶わない現実も受け入れられない。つい最近も、男の子ばかり続いた家族でようやくできた女の子が事故で死んでしまい、親はどうしても代わりの女の子が欲しかったので体外受精で受精卵の性別テスト（分裂しかけた受精卵の細胞を取り出して染色体を調べる）をしたところ、結果が♂と出たので見送った、というケースがあった。

「見送った」とはなかなかうまい言い方で、客観的に言えば「体外受精のプロセスを、受精卵を子宮内に着床させる手前で中止し、受精卵は処分した」となるし、感情的に言えば「せっかくできた赤ん坊が男の子だったもので殺した」となる。

例はこのくらいにしておくが、とにかくこういったもろもろの出来事がこの訴訟（どの訴訟か混乱してきたが、三つ子の三人目を予定外だとして養育費を病院に請求したケースです）の背景にはあるのだ。

子供の生死、さらには数や性別までをも思い通りにコントロールできるものと考えている。それが思いに反してうまくいかないと「運命だから仕方がない」などとあきらめず、他人の責任を追及する。こう書いてしまうと、「えっ、イギリス人って嫌なやつ」と思われるでしょうが、彼らにしてみたらあきらめる方がおかしいと思うのですね。まあその理由についての考察はおいおいと進めていきましょう。

ついでに、訴訟社会ならなにもイギリスの専売特許ではない、アメリカならもっとそうじゃないか、と思う人もいるだろうから釈明しておくが、アメリカ国民はイギリス国民のように「幸せ」（たとえば一男一女の家族構成）を政府が当然配給するものとは考えていない。イギリスのＮＨＳはガタがきているとはいえすべて無料、しかも収入のない人は一生、保険料も税金も払わず治療を受けられるのに対し、アメリカではプライベートの保険に入っていなければ老後や病気になった時にはとてもみじめ。政府に幸せの公平配布を要求するイギリス人と違い、アメリカ人にとって幸せとは自分の手で勝ち取るものなのだ。この点に同じ訴訟社会といっても大きな差がある。

もうひとつ幸せ追究の落し穴について考えてみると、これはあまり話題にはならないけれど、今まで挙げた最先端の生殖医療や心肺・心腎同時移植などの手段で幸せを追求すれば、成功する人もいるかわり、失敗する人もたくさん出てくる。最初から現実を受け入れて別の方向に幸せを見つけようとするのに比べて、こんなに頑張ったのに結局駄目だった、という絶望感はたくさんの人々をいっそう不幸にするわけだが、そういう人たちの話はあまり聞かない。成功した人は喜び勇んでテレビや新聞のインタビューに応じ、失敗した人は黙ってひっそり我慢しているからでしょうかね。

現在の英国労働党政府は最先端医療と名のつくものが大好きで、老人医療のように先行き希望のないつまらないものは無視するかわり、胚のクローンやES細胞（いわゆる万能細胞）を使った難病治療の研究は大いに奨励しているけれど、その結果が幸せな国民よりもいっそう不幸な国民をたくさん生み出す事実については誰か考えているのだろうか？（たとえば先にあげた卵巣冷凍移植で仮に成功率が一〇％だとすると、十人中幸せになるのは一人で、あとの九人はいっそう不幸になるわけだ。最先端とはそういう矛盾をはらんでいて、成功率が失敗率より高くなった頃にはもう最先端ではなくなっていることになる。）

はっきり言って、子供ができなければ他の生き方を考えるか養子をもらうしかなかった時代に比べて、とことん血のつながった子供を生もうとする今のイギリスの人々の方が幸せだとは思えない。幸せになったのは、ごく一部の成功した人々だけなのだ。

だから最初からあきらめた方が良いんだ、とは言いません。けれど、昔の日本人のように「この世は無常、人生はよどみに浮かぶうたかた云々……」的なあきらめの良さで男の子ばかり三人という現実を受け入れる方が、理想の家族は一男一女！　と思いこんで受精卵の性別テストを繰り返すより、心安らかに生きてゆけると思うのですが……。

ここまで読んできて、だけどこれはイギリスの話だし、第一うちは別に子供なんて面倒なものは最初っから欲しくないから関係ないよ、と思っている読者もいるだろう。実際、日本では不妊治療も増えているのに、逆に出産率は減り続け、結婚もしなければ子供も持たない人も増えている。

しかし最初に言ったとおり、火事と流行は飛び火するという原則を忘れてはいけない。そしてイギリスの「子供」は、もうお分かりかもしれませんが「火事」であって同時に「流行」なのです。フンッ、馬鹿な、何が流行ろうと子供はいらない——あなたはそう言うかもしれませんが、そんなことを言っていると、困ったことに現代では出世ができないのである。まあ聞いていただきたい。

ここでもう一度、扉頁の写真を思い出してください。英国首相、トニー・ブレア一家の幸せなイメージ。そして二〇〇一年六月の総選挙です。ブレア首相率いる労働党は二期連続の圧勝をおさめました。この選挙選の裏には熾烈な「子供合戦」が繰り広げられていたのです。

労働党が農業、医療、教育など、前期の数々の政策失敗にもかかわらず選挙で勝てたのは、トニー・ブレアが男女合わせて四人の子持ちだったから——これだけでは英国選挙に詳しくない人には納得がいかないだろうから、証拠物件をあげておく。

〈最近では選挙に勝つためには、候補者は「普通の人間」であることを印象づけなくてはならない。普通でまともな人間に見えるための切り札は子供がいることで……子供のいない人間はちょっと変わっているに違いないと思われがちである……ブレア首相が自分の家族を頻繁に小道具として使っているので保守党まで巻き込まれ、いまや子供がいることは国のリーダーになるための必要条件になりつつある。〉

（六月十七日、テレグラフ紙）

子だくさんのブレア首相に対し、対抗馬の保守党、民主党ともにリーダーの面々には子供がいなかったのだ。ウィリアム・ヘイグしかり、チャールズ・ケネディしかり、選挙キャンペーンで国民にアピールしようにも、使える小道具（子道具？）がない。ブレア首相もちゃっかりしていて、都合の悪い時は家族のプライバシーを主張してマスコミをシャットアウトするくせに、ここぞという所ではしっかり子供をＰＲに使っている。

〈学校の教師は子持ちでなくても務まるし、小児科医でさえ子持ちの必要はない。それなのにいつから英国首相の条件は子持ちであることになったのか？　政治家は子供の学校や「おむつ」について有権者と話を合わせられなくては仲間とみなされなくなってしまった。〉

（六月十五日、タイムズ紙）

〈ブレア首相が今回の総選挙で勝った本当の理由は、彼が四人の子供の父親として信頼がおけるというイメージがあるためだ。敗れた保守党の新しい党首には子無しのマイケル・ポーティロではなく、学齢の子供のいるイアン・ダンカン＝スミスが有力だろう。〉

（七月十三日、テレグラフ紙）

〈ブレア首相のイメージは去年の四男誕生で一挙にアップした。次回、保守党が巻き返すには、子供のいる候補者を新しい党首に選ぶしかない。〉

（七月十七日、ガーディアン紙）

トニー・ブレアは四人も子供がいて、しょっちゅう一緒に写真に写ってるんだからきっと良い奴に違いない、いかにも頼もしそうな父親のイメージじゃないか、子供のいないウィリアム・ヘイグやマイケル・ポーティロ、それに行かず後家のアン・ウィティカムなんかはどっか普通じゃないよな、きっと変な奴らなんだ、そんな奴らに国の政治はまかせられないよ、なんたって自分の子供がいない政治家なんて変人だ、学区改革だって税金の扶養控除見直しだって、他人事としか思えないだろうよ……というのがイギリス国民の判断だったのです。

新聞各紙の見立て通り、大敗からの立ち直りをめざす保守党は子供のいないポーティロとウイティカムを見放し、党のイメージ・アップに使えて便利な子供のいるイアン・ダンカン＝スミスとケネス・クラークをかつぎだした。しかし二人のうちクラークの子供はもう大きくなりすぎていてPRには使えない。結局、党首選に勝ったのは、「子供の学校の送り迎えもしています」と理想の父親宣言をしたダンカン＝スミスだった。つまり、今や我がイギリスの理想の政治家たるや、リーダーシップやルックスだけでは資格が足りず（ギターも弾ければベター）、理想の家庭の父親や母親でなくてはならない、というわけ。そんなスーパーマン／スーパーウーマンが本当にいるのだろうか？

いる、と英国民は信じているらしい。ふうん、だけど政治と家庭の両立なんて本当にできるんですか？　だって、イギリス人が大好きなあのエリザベス一世なんか、「わたくしはこの身を祖国の統治に捧げ、イングランドと結婚いたしました」なんて言っちゃって、頭を剃って独身を通したんじゃなかったかな……そんな意地悪はまあ、言わないでおこう。

とにかく、うちは子供なんて面倒だし欲しくもない、と思っているあなた、料簡《りょうけん》を改めないと現代のイギリスでは出世できませんよ。それに言っておきますが、ビジネスの世界だって同じことが言えるのです。だから日本でもそのうちに——が、この問題についてはまたあとで。

［メモ1］——理想の家庭人とは　イギリス人の名誉のために付け加えておくが、最近のイメージ先行の「理想の政治

家像」の追求に横やりを入れる人たちも、少数だがいることはいる。また、理想の家庭人合戦で討ち死にしたアン・ウィティカム女史(保守党中枢)も、自身は独身だが八十歳過ぎの母親をひきとって同居していることから、「党を率いるべき理想の家庭人とは子だくさんの父親や母親とは限らない」と指摘した評論家もいた。

[メモ2]――子供は流行? 子供がイギリスで「流行」になった経緯については改めて研究の余地がある。ひとことで言えば、社会進出とともに結婚も子供も必要なくなった女性が、行き着くところまで行って戻ってきた――いわばフェミニズムがひと巡りした結果の子供への回帰である。あたしたち女もがんばっていろいろやってみた、総理大臣にもなったし裁判長にも銀行頭取にもなった、だけど結局たいしたことはなかったなあ、キャリアなんて……というがっかり感が女性を子供に向かわせている。つまり少子化経由の子供回帰なのだ。こうして今やノベルティーである子供を再発見してライフスタイルのチョイスとして子供を選び始めた女に、男は振り回されているだけである。まあそのうえ、イギリスの男も疲れてきたのだろうか、子供が流行だなんて。日本にはまだそんな傾向はないだろうか?

第3章

元祖・狂牛病の国に学ぶ?

理想のベジタリアン

肉食が基本の国・イギリスでは、ベジタリアン・フードといえども
肉の代用品、限りなく肉に近い外見と味が要求される。
写真:(左)健康食品の店で売られているベジタリアン食品、
大豆タンパクを加工した肉抜きハム、ソーセージ、ハンバーガー
(右)狂牛病の恐れにもかかわらず、
英国産牛肉をプロモートするスーパーの肉売り場

日本の食べ物屋さんから牛肉が姿を消した——焼き肉屋でみんなナス焼きや焼き豆腐ばっかり注文している——牛丼屋でごはんと玉ネギだけ食べて牛肉を残して出て行く高校生軍団を目撃した——そんな話が伝わってきました。

今や日本も菜食ブームらしい。もちろん狂牛病については先輩のイギリスでは、国民総ベジタリアンです——なんてわけはない。それどころか、二〇〇一年の春から夏にかけて大流行した口蹄疫の嵐に吹き飛ばされて狂牛病はすっかり忘れられ、イギリスで牛を食べたら危ないと思っているのは今では日本人観光客だけ。貨幣同様、大きな災いは小さな災いを駆逐するのですね。

建て前として、英国政府は狂牛病の原因とされている例の肉骨粉は「すみやかに取り除いた」ので、現在出回っている牛肉は安全なことになっている。しかし、ほとんどのイギリス人（もちろん例外はあり）が牛肉を食べ続けているのは、政府の言うことを信じて安心したのではありません。それはなぜかというと、イギリス人にとっての「牛肉」は、日本人にとっての「お風呂」と同じようなものだからです。

どういうことかと言うと、仮に世界中の科学者がそろって「熱い湯の長風呂は知能指数を低下させる」という研究結果を発表したとしましょう（たとえば、です）。そう聞いてもイギリス人なら一向に困らない。彼らには熱い長風呂どころかどんなお風呂にも毎日入る習慣がないからです。一方、ニュースが伝わった日本では一億総日本人がいきなり風呂をやめ、ぬるいシャワーに切り換えるか？　というと、絶対にそんなことはないはずだ。恐ろしい研究結果は無意識のうちに忘れようとするか、あるいはどんなに知能指数が下がったって毎日風呂に入ってバカになるなら本望だと、いっそう長風呂に精を出すことだろう。つまり、恐ろしい事実の指摘↓全面否定または忘却、あるいは、恐ろしい事実の指摘↓開き直り、ですね。

だからと言って、イギリス人にとっての牛肉は日本人にとっての風呂と同じだから、イギリス人はもう死んでもよいと覚悟を決めて国産牛肉を食べている、というつもりはない。もっときちんと考えてみましょう。

まず、イギリスの町の本屋さんに駆け込み、料理の本のコーナーからベジタリアン・クッキングの本を数冊手にとってみてください。ぱらぱらとページをめくり、口絵写真を点検し、それから本屋さんを出て、次はレストランです。田舎では難しいけれど、ロンドン近辺のレストランならメニューに一つや二つ「ベジタリアン・ディッシュ」というのがあるはずですから、それを読んでフンフンと頭に入れ、次の目的地はヘルスフード・ショップです。これも並の大きさのハイ・ストリートには必ずチェーン店がありますから、そこで売られているベジタリアン商品を点検しましょう。すると、こんな結論が導き出されます。

「ベジタリアンとは肉もどきのことだ!」

ベジタリアン・フードとは菜食で、ベジタリアンとは菜食主義者のことだと思っていた人、そんな理解の仕方はイギリスでは間違いだったのです。

もともとイギリスではストーンヘンジの石器時代から食事といえば肉のこと。鹿やキジは言うに及ばず、ウサギ、イノシシ、羊、豚、そして近代では肉とはもちろん牛肉のことです。つまり昔の日本では「花」といえば「桜」を指したのと同じように、「ミート」は「ビーフ」のことなのです。

だけどイギリスにだってチキンもあればソーセージもある、それにフィッシュ&チップスだって! と言う人、よく考えてみてください。チキンはビーフあってこそのチキン、昔はどんなエアラインのメニューだってメイン・コースは「beef or chicken?」に決まっていました。そもそもチキンはイギリスでは肉ではない。スーパーへ行ってみれば「meat(肉)」の売り場と「poultry(鳥)」の売り場はしっかり分かれています。フィッシュ&チップスに至ってはストリート・フード、そのへんで熱々を買って立ち食いすべき代物で、れっきとしたレストランや家庭の主婦が料理をするメニューではありません。

では、かの有名なドーバー・ソウル(平目)は? コッド(鱈)は? というと、もちろん

シーフードはたまに食べてこそのシーフードなので、ターキーに至ってはクリスマスの日にしか食べられない。ロンドンの街中を歩くと食がバラエティに富んでいるように見えるのは、外国人経営のおいしいお店がたくさんあるからそんな間違った印象を与えられるのであって、一般イギリス人の家庭では食事といえばメインは肉とチップス、そして「beef or chicken ?」。うちの自慢メニューはアボカド・サラダ、パスタだって手作り！ と自慢するのは、もうもうとってもファッショナブルでインターナショナルなロンドンの都会っ子だけだし、賭けてもよいですが、彼らもガールフレンドやボーイフレンドを連れて田舎の親の家に帰れば、その家は「beef or chicken ?」の世界なのです。

（この事情は、東京でエスニック料理を食べつけているトレンディな人でも、田舎へ帰ればじっちゃんばあちゃんは相変わらずご飯と味噌汁の朝食、というのと同じ。それから魚がおいしいので有名なスコットランドは、スコットランド人の名誉のために繰り返しますが、ブリティッシュであってイングリッシュではありません。）

こんなイギリスだから、大半の国民はベジタリアン・フードは肉の代用品という考え方から一歩も抜け出られない。そしてベジタリアンのメインコースは肉に限りなく近い味、肉と見まがうかと思うほどの外見、色、歯触り、舌触り、つまり、えっ、これがお肉じゃないなんて！と思わせることが条件なのです。だから優れたベジ料理に与えられる賞賛の言葉は「お肉そっくり！」。

そこでメニューはどういうことになるかというと、ほうれん草のおひたしとか、キャベツと玉ねぎの炒め物、なんてものはなくて、ナッツローフ（ナッツ類をつぶして混ぜ物をつなぎにし、肉のミートローフを真似る）とか、ベジバーガー（煮豆やらをつぶしてバーガーっぽく平たく丸める）とか、極めつけはソーヤ・ミートで、大豆タンパクを加工して肉みたいにした乾物、これはもう日本人なら犬にだって食わせない恐ろしい代物です。大小サイズがあり、大きい方はステーキの形に加工したものもあり、小の方は挽き肉の代用品として使います。

大豆が身体に良いと思うなら、大豆そのものか豆腐を食べれば良い、なにも大豆を本物の肉に見せかけようと努力をする必要はないじゃないか——と思うのは日本人の無理解で、彼らにとって理想のベジ食品とは限りなく本物の肉に近い肉抜き食品、つまり偽肉のことなのです。不味いはずだ。

（いくらイギリス人だって大豆肉もどきがおいしいはずはないから、それでイギリスでは大豆＝動物のエサというイメージが確立したのだろう。これでは大豆が可哀想、ベジタリアンの店で売られている大豆製代用ハムやソーセージの写真を撮って来ましたので扉頁をご覧ください。）

こんなだからイギリスのベジタリアン・メニューは、日本のように「お野菜をたくさん食べましょう」式の野菜料理とはコンセプトが違う。イングリッシュ・ブレックファーストに付いてくる煮豆も、悪名高きマッシュト・ピー（グリーンピースをつぶしたもの）も、クリスマスには欠かせないブラセル・スプラウト（芽キャベツ）も、あくまで料理（＝肉）の付け合わせでしかありません。だからイギリスで本当の野菜料理が食べたかったら、何度も言いますが外国人のやっているカフェやレストランへ行かなくてはならない。もちろんロンドン市内にはトレンディなヘルスフード・レストランもあるし、ファッショナブルな人はサラダをメインコースに食べたりするけれど、一歩ロンドンから外へ出たら、まわりのイギリス人は野菜とは煮豆のことだと思っている、と覚悟していなければならないのです。

さて、本題の狂牛病でした。もう説明を加えなくてもおわかりと思いますが、ベジタリアン・フードでさえ限りなく肉に近い「まがい肉」が理想の国の国民は、牛肉を食べない生活など考えられないのです。動物愛護の立場からもともとベジタリアンだったという人を除き、狂牛病が恐いから牛肉を食べるのを止めたという人は本当に少ない（筆者の知る限り、そのような人はテレビの街頭インタビューの中でしか存在しない。うちの近くのスーパーでインタビューしたら、百人のうちひとりくらいはいるだろうか）。だから、国産牛肉がスーパーから姿を消したのは、最初の騒ぎからほんの一週間ばかり。あとは「beef or chicken ?」の世界に戻って否定・忘却・開き直り、あげくの果ては例のイギリス人的愛国心をふんだんに発揮し、「国産牛肉を食べよう運動」まで展開したのでした。

狂牛病にかかり、なす術もなくゆっくり死んでいった患者の家族の訴えを聞いてみんなが涙を流した、あれは何だったんだろう？　潜伏期は十七年とも六十年とも言われ、これからもっと患者が出てくるはずだと専門家は警告しているのだが、「そんならもう感染しているだろうから、今さら気をつけたって無駄だね」という人さえいる。

狂牛病の将来はまだわからないが、この問題を考えていてわかったことが、ひとつある。筆者は以前から、イギリスは動物愛護の運動が盛んで伝統的にベジタリアンの数も多いのに、なぜ一般のイギリス人はこんなに肉に執着が強いのだろう？　と不思議に思っていたのだが、疑問は解決しました。イギリス人が肉をあきらめられない理由、それは限りなく肉に近い理想のベジタリアン・フードがあまりにも不味いからだったのですね。

［メモ1］――付き合いはほどほどに　これを読んで、もうイギリスに行くのはやめましょ、お野菜が食べられないんじゃだめだわ、と思う人がいると困るのでもう一度強調しておきますが、イギリスを訪れる観光客はなにも普通のイギリス家庭の真似をする必要はない。おいしい野菜料理を食べたかったら外国系のレストランはどこにだってあるし、アメリカっぽいサラダ・バーなんかもあります。昼間は古い貴族の館とか庭園とかイギリスの一番良い所を見て回って、夜はさっさとスパニッシュやイタリアンやチャイニーズのレストランへ行けばよろしい。

第**4**章

真珠湾=アフガニスタンの理屈

理想の戦争ルール

アメリカと同時に英国でも、
オサマ・ビンラディン一派による同時多発テロは、
その残虐さと卑劣さにおいて
50年前の日本軍による真珠湾攻撃に匹敵すると報道された。
写真:航空機の突っ込んだワールド・トレード・センターの写真と
パールハーバーの写真を載せて対比させているタイムズ紙

●パート1　ヒトラー＝ヒロヒトの構図

　なぜいきなり戦争の話になるかというと、イギリスにおいて一年中で一番日本という国が注目されるのは八月十五日の「ＶＪ　Ｄａｙ」だから。本当は、日英関係の話は経済だの貿易だの文化交流だのではなく、必ず八月十五日から始めるべきなのです。

　ＶＪは「Victory over Japan」の略で、つまり対日戦勝記念日。普通、日本に住んでいる日本人はそんな日がイギリスで毎年祝われているのも知らずに済むわけですが、八月のこの日は五月のＶＥ　Ｄａｙ（Victory in Europe＝欧州戦勝記念日、対独戦勝記念日でないことに注意）と並んでイギリスの歴史上、大事な日なのであります。

　八月十五日。日本では毎年この時期になると首相の靖国神社参拝が取り沙汰され、広島・長崎では原爆関係のセレモニーや大会が開かれる。続いて、日本はアジア諸国にちゃんと謝ったかだの誠意を見せたかだの、毎年同じ議論が繰り返される。最後は必ず「戦争は二度と繰り返してはならない」という決まり文句で幕は閉じるのだけれど、同じ時期イギリスで祝われているＶＪ　Ｄａｙのことがあまり日本では報道されていないのはどうしたわけだろう？　日本の戦争責任を問い続けているのはアジア諸国だけではないのに。

毎年VJ　Dayの時期になると、在英日本人は肩身の狭い思いをする。「日本はビルマで英人捕虜を虐待した」「シンガポールで民間英国人を抑留し、女性をレイプした」「日本は英人捕虜一人あたりたった七十六ポンドの賠償金を支払って済ませたつもりでいる」等々の非難が日本に対してつきつけられ、テレビは特集番組を流すし、やせ衰えて飢え死に寸前の英人捕虜の写真も出回り、新聞各紙も「日本謝れ」の大合唱。一九九五年の対日戦勝五十周年にはイベントも盛り上がり、テームズ川には花火まで上がったのです。ご存知だったでしょうか。

五十年で一応ひと区切りがついたのか、以降、毎年めぐってくるこの時期の反日ムードは下火になりつつあるとはいえ、マスコミの大方の論調に変わりはなく、しめくくりは必ず「日本人は残酷で不可解な人種」という判決なのです。

VJ　Dayについてはすでに本も書かれていて、日本に住む日本人に状況を伝えようと努力をしている人たちもいるが、一般にはまだほとんど知られていないので、この章ではごく基本的な話をしてみたい。

まず、日本が糾弾されているポイントを主要な点に絞ってまとめてみよう。

（1）日本はアジア諸国を侵略し、史上最悪の戦争犯罪（南京大虐殺）を犯したうえ、シンガポールなどで英系民間人を抑留して虐待した。
（２）日本はパールハーバーを宣戦布告もなしに奇襲したうえ、ビルマやインドで収容した英軍捕虜を非人道的に扱い、残虐な行為でその多くを死に至らしめた。
（３）日本は戦後もなんら反省することなく、英人捕虜に対して十分な償いも謝罪もせずに現在に至っている。

謝罪・賠償金要求の活動に専念しているビルマ・スター協会のメンバー（元英兵）を除けば、一般のイギリス人は毎日昔の戦争のことばかり考えて暮らしているわけではないから、日常ベースでイギリスに反日ムードがあるとは言えない。が、ＶＪ Ｄａｙが近づくとテレビや新聞が毎年復習させてくれるので、いくら歴史に関心のない若い人でも右記の三点くらいは自然に覚えてしまう。そして彼らの意識を要約すると、「日本人はナチスより残酷な国民」で、「ヒロヒトはヒトラーより悪いやつ」ということになるのである（ちなみに、昭和天皇のことをこちらのメディアはヒトラーと同じくヒロヒトと呼びすてにする）。

対する日本人の反応はというと、日本に住んでいる人々はイギリスでの騒ぎを何も知らないので、日英関係に戦争の影があることを知らない。イギリスに住んでいる日本人は彼らの非難があまりにも一方的なので、謝罪どころか「ＶＪ　Ｄａｙはジャパン・バッシングだ」と開き直る。悔しまぎれに日本の過去は棚にあげ、イギリス人は絶対あきらめない執念深い人種だ、と言う人さえいる。

戦勝をいつまでも祝っているのは勝ったからで、負けた国が早く忘れたがるのは当たり前だから、それが歴史に対する態度の違いだとは言い切れない。それに英メディアの言い分は全部が正確でフェアとは思えないのだが、この章ではいちいち彼らの間違いを分析してあげつらうのが目的ではない。それは戦史の専門家に任せて、そろそろ本題に入ろう。

(Q) イギリス人はなぜ戦後五十年経っても日本を非難し、日本人は卑怯だと責め続けるのか?

(A) それはイギリス人が「理想の戦争」というものがあると信じているからだ。

こう書くと、こんな厳粛な問題に対して強引に自分のテーマを当てはめて、ふざけている、戦争を知りもしないくせに!! と怒る人がいるかもしれない。だが、ちょっと待っていただきたい。誓って言うが、この問題については一九八九年の昭和天皇の崩御の際、「Devil Hirohito Finally Dead!(悪魔・裕仁がついに死んだ!)」という新聞の見出しを見て以来、筆者は真面目に考えてきたのです。そして、日本に住んでいて戦争のことなど普段はもうこれっぽっちも考えなくてよい戦中派の人々と違って、筆者は戦後生まれで戦中の日本軍の行為には直接には何の責任もないにもかかわらず、「日本人は世界一残虐な民族だ」「日本は謝れ」という大合唱をイギリスで毎年聞かされ続け、連帯責任を感じろ！ と言われ続けているのです。つまり、「戦争中は苦労した」と一〇〇％被害者ぶっている一部の人々に代わって次の世代の在英日本人が責任を感じさせられているわけだから、ふざける気は毛頭ないのであります。

さて、前述の「日本人は悪いやつらだ三つのポイント」に対する（一部の）戦中派日本人の反論は要約すると次のようなものだろう。

（1）アジアを侵略したのは確かに悪かったけれど、日本人だって空襲でたくさん死んだし、原爆だって落とされた。お互い様じゃあないか。

（2）捕虜を虐待したと言うけれど、当時は日本兵だってろくな食べ物も戦闘服もなく戦っていたのだし、収容施設も医薬品も足りなかったのは捕虜だけじゃないんだから仕方がない。それに日本兵捕虜だってシベリアまで連れて行かれて帰ってこられなかった人もいっぱいいるんだぞ。

（3）連合国に対する賠償金はもう何十年も前に支払っているんだから、今頃になってその額がどうこうと言い出すのはおかしい。当時の七十六ポンドと今の七十六ポンドは価値が違うんだし。それにアジアの国々には日本が侵略したんだから謝るのは当然だけど、イギリス人はアジアを植民地化して支配して、つまりお互いにアジアに居る権利はなかったんだから、日本の帝国主義を非難する権利はそっちにだってないじゃないか。

そうだそうだ！　と戦時中苦労した「うちらは一〇〇％被害者派日本人」はうなずくだろうか。さらに実際アジアの戦場で戦っていた元日本兵に聞いてみると、「当時日本軍はもうひどい状態で、前線に兵隊はどんどん送られるのに、あとから物資は届かない。孤立した隊は地元民から盗んで食料を確保するしかなかったんだ」とか、「捕虜をつかまえたって収容施設もなければ食い物もない。自分が生きるか死ぬかという時には、捕虜は殺して逃げるしかなかったんだ。それが戦争というものだ」といった言い分が加わる。

しかしこれで元英兵捕虜が「そうかそうか、そうだったのか、それじゃあ仕方がない、みんな苦労したんだ、お互い様だなあ」と納得する——ようなことは絶対にない。なぜなら彼らはビルマならビルマで自分たちの受けた残虐な行為を問題にしているのであって、当時日本人がどんなに苦労したかなんて、彼らの正義にはまったく全然関係がないのです。シベリアで何人《なんにん》の日本人が戦犯扱いされて死んだかなんて、彼らの知ったことではない。

しかも、元英兵捕虜の意識する「戦争犯罪」は、日本人の「みんな苦労したなあ」という感慨とは無縁のものだ。そもそも「一般犯罪」に対して「戦争犯罪」というコンセプトがあるのは、彼らが「戦争にもルールがある」と思っているから。つまり、戦争でさえも「理想の戦争」があって、その理想の戦いの中ではルールは守られるべきなのだ。

このスタート地点がそもそも食い違っているのに、在英日本人が開き直って「ヒトラーはユダヤ民族を根絶やしにしようとしたけれど、日本帝国軍は中国人を地上から抹殺しようとして殺したわけじゃない」とか、「確かにビルマの鉄道工事で英兵捕虜は死んだかもしれないよ、え、一万人以上？ だけど、東京の空襲じゃああなた、一夜にして十三万人も死んだんですよ」などと反論しても論争はかみあわないわけだ。

両者の言い分をもう一度よく聞いてみよう。日本人は「戦争だったのだから仕方がない」とすべて水に流そうとする――とよく言われるが、それは、（A）戦争というのは異常な状態であるから、（B）異常な状態では人間が異常なふるまいをしても仕方がない、という意味ですね。ところが元英兵捕虜は、（A）戦争というのは異常な状態であるから、（B）より一層ルールは守るべきである、と言っているのだ。だから戦争犯罪は一般の犯罪よりもたちが悪いと見なされるわけだ。ここに、日本軍がビルマの英兵捕虜を虐待したことはとことん責めるのに、アメリカ軍による原爆投下や日本本土の空襲は責めないイギリス人の理屈が潜んでいる。つまり、もう戦闘能力のない捕虜を虐待するのは説明のつかない卑劣な行為で戦争犯罪だけれど、銃後でその日本軍を支えていた日本人の一般市民を叩くのは正攻法だった、と。

もちろん、大英帝国のアジア植民地支配をすべてのイギリス人が誇りにしているわけではないけれど、少なくとも「我々はルールに乗っ取って支配した」と国民の大半は思っている。それに対して日本人は、よく言われるように白人の植民地支配に対して戦争をしかけたことを責められているわけではなく、パールハーバーの奇襲をはじめとして、ルール無視の戦争をしたことが責められているのだ。

（これには、そんなことを言っても最初から彼らの作ったルールじゃないか、という反論もあるだろう。確かにイギリスの植民地支配のやり方は決してほめられたものではなかったかもしれないが、戦後、アジア各地で日本は恨まれたのに、イギリスに支配されたことを恨む声が比較的少ないのはそれだけの理由があるに違いない。）

理想の戦争ルールについて日本人に聞いてみると、よく次のような答えが返ってくる。

「変だよね、さっきまで殺し合ってたのに、銃を捨てて降参したとたん捕虜は丁重に扱えなんて」

「だいたい殺し合うのにもルールを守って一、二の三、で始めましょうなんて、ゲームみたいじゃない。戦争はゲームとは違うんだから」

なるほど、これでは意見が合わないのも当たり前だ。でも、日本人だって昔の侍の世界では、殺しあうのにもルールがあった。我こそは〇〇××！ と名乗った――らしい――のもルールだし、降参した相手に切りつけるのは美しくなかったはず。そうすると、外国人相手の悲惨な戦争だったからルールが吹き飛んだだけで、もともとは日本人も理想の戦争を信じていたのだろうか？

どちらにしても、意見が合わないのはわかった。では、来年ＶＪ Ｄａｙがめぐってきた時、日本人はどうしたらいいのか。繰り返しておくが、ここでまた「だけど日本人だってたくさん殺されて……」と言うのはまったく無意味だ。そのくらいは戦争を知らない筆者にでもわかる。それはどこかの親バカが、「うちの太郎はお隣の花子ちゃんをいじめたけれど、太郎だっておおかいの次郎君にはいじめられたんだから、だからうちの太郎は花子ちゃんに謝らなくたっていい」とうそぶくようなもので、全然説得力がない。太郎は花子ちゃんに謝り、しかるのちに次郎君からの謝罪を要求する、というのが筋ではないか。

では筋を通すなら、日本人はイギリス人の理想とする戦争のルールを今からでもよいから認め、過去にさかのぼってアジア諸国のみならず英国にも毎年欠かさず謝罪するべきか？――イエス、日本人も理想の戦争というものを信じたいのなら。――ノー、戦争には理想の戦争などないと思うなら。

イギリスはドイツと戦い、ヨーロッパを解放した（とイギリス人は認識している。フランスやベルギーを救ったのは我々だ、と)。彼らにしてみればあれはヒトラーという悪に対する正しい戦争で、ついに正義は勝った。だから毎年大いばりで勝利を祝う。アメリカも日本という悪に対する正義の戦争には勝ったけれど、その後の朝鮮とベトナムで「アメリカは常に正しい戦争をしている」という確信は揺らいでしまった。ベトナムの泥沼はアメリカ人の自信をかなりそいだことになる。

一方イギリスの「我らはいつも正しいのだ信仰」は、その後のフォークランド紛争もイラク爆撃も「正義の戦争」とすることで簡単にクリアしてしまった。つまりイギリスは世界でもまれにみる「常に正しい国」なのです。こう信じている国の国民に「だけど戦争っていうものはお互いさまだし、正義もルールも通じないこともあるんじゃないかなあ」などと言うのは無駄なことだ。

ではどうしたらいいか、というと筆者には分からない、お手上げです。日本政府はとにかくアジア諸国へは毎年ボキャブラリーを変えて謝罪を小出しにし、英軍元捕虜に対しては新たな謝罪も賠償金も出さず、相手はみなお年寄りだから全員がお亡くなりになるのを静かに待っている、という態度をとり続けるでしょう。ところがそれで事は済まない。なぜなら、英国のビルマ・スター協会は「元捕虜はみな高齢で賠償金問題の解決も望めなくなってきているが、我々は絶対に過去は忘れない。この問題はこれから若い世代に引き継いでもらいたい。すでに死亡した人への賠償金はその子孫に支払われるべきだ」と言っているからです。

彼らの希望どおりひきついでくれる若い世代がいるかどうかはわからないが、子孫への償い、などと言われるとますます、「イギリス人はなんでここまで執念深いのか」と言い出す日本人が出てくるだろう。でも少なくとも、彼らがどうして戦争だったのだから仕方がないとあきらめないのか、その理由を日本人は考えた方が良いかもしれない。

（ちなみに、上海、香港、シンガポールで日本軍の捕虜になっていた英軍人および英民間人への英国政府からの補償問題は、二〇〇一年になってようやく一人一万ポンド（約百七十万円）の慰労金を支払うことでけりがついたが、その適用範囲についてはいまだに揉めていて、ここでも正義を求める人々はあきらめるということはしない。）

最後に、こんな記事を見つけたので、引用しておこう。二〇〇一年六月、「Hell in the Pacific（太平洋の地獄）」という戦争特別番組が三週間にわたってテレビで放映された時に書かれたテレビ番組評論のコラムです。

編集されて作られたテレビ番組だけで戦争を判断することの良し悪しは別として、これがたいていのイギリス人の太平洋戦争観だということは覚えておいたほうが良いだろう。


〈本当の地獄とは日本人に虐待されること〉

よく麻薬やアルコール中毒を称して「地獄」と言うが、地獄とはそんなものではない。本当の地獄とは、日本の帝国陸軍に捕らえられて骨と皮ばかりにやせ細り、同僚が刀で首をはねられるのを見せつけられることである……日本軍は赤十字の腕章をつけた野戦病院のスタッフや負傷兵を無慈悲に殺し、炎天下を行進させられて倒れた捕虜の首をはね、中国人を犬を殺すように殺した……イギリス兵が戦争に出かけていって日本兵のしたような振舞をすることは絶対にあり得ない……同番組（「太平洋の地獄」）によると、日本軍の残虐行為を見たあとでは連合軍側もルール・ブックをかなぐり捨てて地獄への道を下っていったそうだが、少なくとも我々（イギリス軍）にはかなぐり捨てるべきルール・ブックがあったのだ……うちの父はビルマで日本人と戦った。戦後父は日本製品を絶対に買わなかった。車もカメラもステレオもテレビも。この番組を見て初めて、その理由を理解することができた。

（二〇〇一年六月十八日、デイリー・エクスプレス紙）

●パート2　タリバン＝日本人の構図

太平洋戦争から、現代の戦争へと話を進めましょう。アフガニスタンです。

二〇〇一年九月十一日の同時多発テロ事件が起きるやいなや、英国首相トニー・ブレアはどの国よりも早く「アメリカと一緒に闘うぞ宣言」を出し、テロのターゲットはアメリカではない、我々の民主主義そのものが攻撃されているのだ、自由と平和を愛する国はみな一斉に立ち上がらなくてはいけない！　と慎重なヨーロッパ諸国を説いてまわった。

日本では行動の前に議論があったが、ブレア政府は対テロ戦争には議論の余地なしと考えて、即、実行した。アフガニスタン爆撃で一般市民が犠牲になるのは我々が悪いのではない、もとはといえばテロリストが悪いのだから、彼らをまずやっつけて、しかるのちにアフガニスタンの国を再建すればよい、という考え方。爆撃をしなければ今後ますますテロの犠牲が増える、今は市民の犠牲には目をつぶって爆弾を落とすべきだ——このへんは広島に原子爆弾を落としたアメリカの言い分と変わらない。

ところが政府に対してイギリスの一般市民の反応はどうかというと、ちょっとずれがある。

第二次世界大戦は良かった。イギリスは正義の味方だった。フォークランドだって大丈夫、イラクもOK。みんな正義の戦いだった。でもベオグラード、あれはちょっとまずかったよ、あそこを爆撃したのは。ミロシェビチをつかまえるのに何も爆弾を落とさなくたって良かった——英国史上初めて、国民は政府の武力行使の正しさを疑いだしたのだ。

加えて、アフガニスタンの特殊事情がある。過去、イギリスはアフガニスタンに介入して得をしたことが一度もない。二世紀も前から、彼《か》の地の為政者が「反英的」態度を示すたびに出兵してきた。最近は「反英」でなくても「親ソ」というだけで即出兵。ソ連が敗退したあとアメリカもイギリスもさっさと手を引き、アフガニスタンを軍事勢力の手に渡して一般市民を見殺しにした、という非難を浴びているので、今回は政府が強気でも一般市民はほんの少し慎重だ。

トニー・ブレア首相が自信満々で正義の戦争を説くのを、反ブレアの人々は皮肉って「メサイア・トニー（救世主面のトニー）」とか「プリーチング・トニー（説教屋のトニー）」と呼ぶ。なにしろ英国内にイスラム系住民は百五十万人、うち熱心なイスラム教徒が六十万人もいるのだから、そちらへの対応も複雑だ。

アフガニスタン爆撃とともに在英イスラム教徒が抱いていたアメリカ＝イギリス枢軸への不信は一挙に吹き出した。アメリカの中東政策は言うに及ばず、今までだって都合さえ良ければ独裁政権を助けてきたじゃないか、フィリピンのマルコス、チリのピノシェ、サウジアラビアだってジンバブエだって南アフリカだって、みんな目をつぶってきたくせに！ と過去を掘り返すとまたボロボロ出てくる。しかも本当に叩きつぶすべき相手はいまだに生きのびてふんぞり返っている。カストロを見ろ！ フセインを見ろ！ それなのにビンラディンとタリバンだけにはムキになって、正義者面して貧乏なアフガニスタン市民を爆撃して何になる！ 本当は石油とオイルパイプが心配なんだろう！

そう言われると、そうかそうか、本当にそうだなあ、とリベラル・レフトは素直に反省してしまう。でも、今まではどこの独裁者もテロリストもわざわざニューヨークまで出張して飛行機をぶつけるような暴挙には出なかったから見逃されてきたのであって、今回ばかりは爆撃に積極的でない人々を英政府が「ヒトラーを見過ごそうとした連中と同じ臆病者」と決めつけるのもわかる。

リベラル・レフトの話はともかくとして、話をニューヨークのあの日、九月十一日に戻しましょう。

飛行機がハイジャックされてワールド・トレード・センターに突っ込んだ――事件の第一報とともに日本でもテレビの前に釘づけになった人は多いだろう。ハイジャッカーは何と呼ばれたか？ そうです、アメリカのCNNもイギリスのBBCもとっさに「カミカゼ・パイロット！」と叫んだのでした。

アメリカでもイギリスでも誰でも知っているカミカゼ＝神風という言葉を現代の日本で聞くことはめったにない。忘れたい過去だからだろうか？　神風、特攻隊、とくると日本の戦中派はなんとも言えず厳粛で・悲しくて・勇壮かつ悲惨・しかもけっこうなつかしい思いに捕らわれるらしいが、普段使う言葉ではないから、若い人にはぴんとこない。日本国内では「死語」と言ってもよいだろう。

しかし英語の「カミカゼ」はれっきとした現代語だ。だから日本人が何か目立つことをすると、すぐに「カミカゼ」と呼ばれる。「カミカゼ・スキーヤー」とか、「カミカゼ・ゴール」とか。「カミカゼ・パイロット」は操縦桿を握って自ら突っ込む気違いのイメージだ。この「カミカゼ」という言葉を使う時、ＣＮＮやＢＢＣのアナウンサーは、完全に洗脳されたおそるべき「crazy suiside bomber」のイメージの向こう側に自分たちと同じ人間を想像してみることは決してない。日本人が感じる「きけわだつみの声」的な悲劇性は、「間違った目的——日本の侵略戦争——のために自らの命まで道連れにした狂った残虐者」というイメージには対抗のしようがないのだ。

そしてカミカゼ呼ばわりに続いて、テロ事件の次の描写は太西洋をはさんだアメリカとイギリスで、すっかり一致した。すなわち、「パールハーバー以来の対米テロ行為」。

これを聞いて、「犠牲者の数や残虐さから比べたら、パールハーバーというよりも原爆じゃないか」と言った日本人もいるそうだが、全然わかっていない。パールハーバーに例えられたのは前述の「宣戦布告もしないで奇襲した卑劣なテロ行為」だからで、原爆当時アメリカと日本はれっきとした戦争状態で、アメリカはすでにばんばん日本を爆撃していたのだから、彼らにしてみればテロとはまったく性質が違うわけです。

それでもアメリカ人は、原爆については自分たちのしたことなので、投下決定は正しかったとしながらも多少の「後ろめたさ」につきまとわれているのだが、イギリス人にはそれがない。だからＢＢＣは良心になんら恥じることなくカミカゼとパールハーバーを連発した。メディアも同じ、たとえばインディペンデント紙は次のように書いている（九月十二日）。

〈昨日のニューヨークのすさまじいテロ行為に匹敵する事例が過去にあっただろうか。アメリカにとって一番近い出来事は一九四一年のパールハーバーに違いなく、同じように卑劣な攻撃で何千ものアメリカ人が命を失った……今回のテロは、日本軍によるハワイ攻撃と同様、戦争行為である。〉

他の新聞も似たりよったりで、予告もない残虐卑劣なテロ行為はパールハーバー以来、と書きたてている。つまり、パート1でも書いたが、日本軍の悪辣ぶりは史上まれに見るもので、イギリス人の目から見ると、当時の日本人はビンラディンのテロリスト一味と肩を並べるに等しい悪者なのだ。

だから日本人は小さくなっていましょう、と言っているわけではない。戦後生まれの筆者などには関係のないことだから、いつまでも過去にこだわっているイギリス人がいたら、こちらから説教してやってもよいのだ。過去のことばかりぐちゃぐちゃ言って、そんなことでは世界平和は達成されませんよ、と。しかし正しいか正しくないかは別として、カミカゼ特攻隊は「crazy devil（気違い悪魔）」で、パールハーバーはタリバンのテロと同じだと思われていることだけは覚えておいた方が良いと思う。日本の戦中派がどんなにがんばって「特攻隊の頃はもう飛行機の燃料もなかったし、負けるのは目に見えていた。どうせ死ぬなら片道で突っ込んで英雄として死んだ方がまだまし、ついでに敵を一人でも二人でも道連れにしてやる、くらいの気持ちだった。万が一生きて帰たって日本は占領されているんだし、と思ってあきらめていたんだ、云々……」と説明しようとしても、そのイメージは決して消えることはないのだ。

先を続けましょう。理想の戦争、でした。

テロリズムに応戦布告したトニー・ブレア首相の党大会スピーチを聞いて、疑り深い国民も八〇%は感心したそうだ。労働党党員にいたっては、ブレアを第二次大戦時のチャーチルにたとえて「偉大なリーダー」と評価するほど。でも、スピーチを聞いて「気分が悪くなった」というブレア嫌いもいる。どんな内容だったかというと、

(1)我々は全世界のテロリズムと戦い、根絶やしにしなければならない。

(2)我々は世界中の問題に目をつぶることなく解決しなくてはならない。中東もしかり、アフリカもしかり、環境問題もしかり、すべて正義と自由と平和を信じる我々が取り組んで解決しなければならない。

(3)世界中のテロリズムが根絶やしにされ、世界中の問題が解決されたあとで、我々は新しい民主主義の体制を打ち立てなければならない。

我々、というのは「Western democracy」、つまり西欧の民主主義国家のこと。そしてイギリスはそのリーダーだそうです。

以降、ブレア首相は期待に違わず「イギリスは正義とモラルの国である。ヒトラーと日本の悪を打ちまかしたのと同じように、我々の正義はテロリストの悪を打ちまかし、自由と平和の民主主義世界を確立しなければならない」と、「イギリス正義」を連発。当然ながら、繰り返される彼の世界平和のビジョンの中に日本は入っていない(中国は言及されているが)。

さすが大風呂敷のブレアさん、と笑って済ませるのは勝手だけれど、大部分の労働党党員は彼のスピーチにすっかり心酔したらしい。それを見てブレア嫌いの面々はますますブレア嫌いになった。この人はいったい何を考えているのだろう？　自分の国の北アイルランド紛争を見ただけでも、どんな国の小さなテロだって大国が介入したぐらいでは簡単に解決できないことは分かりそうなものだ。イギリスが正義をふりかざしさえすればイスラエルとパレスチナもＯＫ、ルワンダもＯＫ、カシミールもチベットもジンバブエもＯＫ、環境問題もＯＫ、なんて傲慢にもほどがある！

筆者も一緒になって怒ったひとりなのだが、ちょっと待て。理想を吐いて何が悪いのか？もともと理想の戦争を信じているイギリス国民が生んだブレア首相だ。彼がアフガニスタンでも「妥協なき攻撃でテロリストを徹底的に叩きつぶし」、しかも「一般市民の犠牲は許さず」、さらに「軍事勢力Ａ（タリバン）を叩くために軍事勢力Ｂ（北部同盟）を支援し、ＢがＡに打ち勝つやいなや身を翻してＢを叩き」、そうしておいて「戦後、西欧民主主義に基づいたイスラム民主主義国家アフガニスタンを建設する」という理想の戦争ができると信じているからといって、驚くにはおよばない。第一、ブレアさんが信じているのはこんな矛盾に満ちた理想の筋書きの成功ではなく、理想を信じる権利そのものなのだ。

さあ、これさえ分かればもうこっちのもの。今までなぜイギリス国民はブレア首相に傾倒してしまうのか、なぜ彼の雄弁と大言壮語にコロリとだまされて「偉大な指導者」とあがめてしまうのか、口を開くごとに「世界の民主主義のリーダー・イギリス」「正義の国イギリス」「モラルの国イギリス」と繰り返す傲慢さに気がつかないのか！　と頭をかきむしっていた方々、実はブレア首相は傲慢なのではありません。彼は正義のイギリス政府が悪い国をみなやっつけて理想的世界を構築できると信じているわけではない。理想を口にする権利を信じているだけで、イギリス国民もそれを知っていて拍手喝采しているのだ。

そうとわかれば、アメリカでさえテロリストを叩くことが先決で、テロ撲滅後のアフガニスタン民主政権確立までは約束していないのに、ブレア首相が横から口を出して対テロ戦後体制を口走るのは思いあがりだ！　と湯気をたてて怒る必要もありません、リラックス、リラックス。ブレアと聞けば傲慢と答えていた筆者の悩みも、これで解決しました。彼は本当は謙虚な人だったのですね。

第5章

めざせ国民持ち家率100%

理想の人生、理想の持ち家

イギリスの持ち家熱は
「ハウジング・ラダー(持ち家階段)現象」を生み出し、
住宅ローンを組み替えては大きな家に買い替えてゆく
「階段登り」に一生を費やす国民が多い。
写真:買った家は売るもの、「For Sale(売り家)」の立札が
林立するロンドンの住宅街

●パート1　衣食住から住住住へ

しんめり雨が降っている。十月、イギリスは根雪ならぬ根雨の世界。これから冬に向けて太陽が顔を出すことはめったになく、イギリス中が薄暗いなかで家ごもり。家にこもってイギリス人は何をするか？　それはもう、ＤＩＹであります。

Do It Yourself――訳すと日曜大工ですが、さすがに国民の趣味のＤＩＹ、お店だって日本の東急ハンズなんかとは規模が違う。イギリス中どこへ行ってもスーパーマーケットと同じ数だけＤＩＹの店がある。なぜかというと、イギリス人にとって住は食より大事なのです。

というわけで、この章はイギリスの家のお話です。

〈ハミルトン夫妻の自宅、家宅捜査〉

チェシャー地方、ネザー・オルダーリー郊外で昨日、女性をレイプした疑いで逮捕されたハミルトン夫妻の住む時価百二十五万ポンドの自宅（傍点筆者、以下引用文同様）が捜査員の手によって家宅捜査された。

（二〇〇一年八月二十五日、デイリー・メイル紙）

傍点の部分を良く見ていただきたい。理由はあとまわしにして、もうひとつ例をあげておこう。第二章であげた新聞記事をフォーカスを変えてながめてみると、右の記事との共通項に気がつくはずだ。

〈三つ子訴訟に怒りの声〉

不妊治療の結果生まれた予定外の三つ子の養育費を病院に請求している夫婦に対して、「子供は神からの授かりものであって裁判所で争うべき対象ではない」との怒りの声が上がっている。それに対し、パトリシア・トンプソン夫人は昨日、サウス・ヨークシャー州ロザラム近郊スライバーグ町、スリー・ベッドルーム、セミ・ディタッチト（三寝室付き二戸連携住宅）の自宅から姿を現し、「これはお金の問題ではない、選択の自由の問題だ」という声明を読み上げた。

（二〇〇〇年十一月十八日、デイリー・テレグラフ紙）

「三寝室付き二戸連携住宅」と何気なく記事の中にはさまれているのを、読者は見落としてはならない。ここには重大な真実が隠されているのだ。すなわち、

（1）イギリス人は人物描写のポイントとして、年齢や職業よりその人の住んでいる家のレベルを重視する。
（2）イギリス人は住んでいる家によって分類される。
（3）人間にとって一番大事なのは、より良い家に住むことである。
（4）人間は、より良い家に住むために生きている。

（1）から（4）に進む過程で、「イギリス人」が「人間」へ、と、いとも簡単にすり替えられていることに注目しておこう。あとで重要なポイントになる。

さて、国民の持ち家率一〇〇%をめざすイギリスだが、この理想の高さが国民の豊かさを反映するわけではないことを最初に断っておこう。実際、ヨーロッパでは住居賃貸率の高い国ほど逆に経済的には豊かだという統計がちゃんと出ている。家賃を払って住んでいるスイス人やスウェーデン人のほうが、持ち家に住んでいるイギリス人やスペイン人よりも金持ちなのだ。なぜなら、住居賃貸=労働力の自由移動=経済の活性化。逆に言うと、国民の持ち家率があまり高いと、労働力需要の移動に追い付いて行けず、経済が沈滞する、という理屈らしい。

しかしイギリス人に言わせれば、自分の家に住むことは基本的人権の第一条であるから、どんな貧乏人でも家を買えるような社会にしよう！　というのがサッチャー政権以来の政府の方針になっている。賃貸しの高層アパートに積み重なって住むような非人間的な暮らしは、ニューヨークやパリやトウキョウの人間には向いているかもしれないが、まともなイギリス人には耐えられない。理想の国では、国民ひとりたりとも借家住まいなどしていてはいけないのだ。

この理想を信じる国民がしっかり精進してきたおかげで、今ではワーキング・クラス出身でも、立派な家を買うことが人生の目標とみなされるようになった。イギリスではもともと賃貸家賃が高いから、どのみち家は借りるより買った方が得なのだ。そこそこの家を二十五年ローンで買えば、毎月の返済額は同じ程度の家を借りる家賃より安い。それやこれやの結果が右記(1)から(4)となって現れたのである。

ここで仮に「人間にとって一番大切なものは家である」と思いこむ信仰を、ひとつの病気とみなしてみよう。イギリスにおいては、その初期症状は「貯金ゼロ、借金六ケタ」という形であらわれる(六ケタとは十万ポンド以上だから、約千七百万円以上)。

イギリス人は、親の遺産で金持ちになるアッパー・ミドル以上の階級を除いて、まず現金を持っていない。ミドル・クラス、ワーキング・クラスを問わず、貯金をする習慣がないのだ。なぜなら、入った金は全て貯金などに回さず、より良い家を買うために注ぎ込むべきだからである。

それなら日本人だって同じだよ、住宅ローンに追われて貯金なんかできやしない、と思われるかもしれないが、日本人の貯蓄好きは世界に知れ渡っているし、同じ住宅ローンと言ってもイギリスの住宅ローンはどだい度胸が違う。イギリス人は頭金などというものは念頭になく、いきなりどかーんと分不相応な家を買ってしまうのだ。貸す方も貸す方だが、借りる方も毎月ローンを返していけば赤字になることも承知で借りてしまう。生計に少し余裕を持たせて毎月のローン支払が負担にならない程度で我慢しておく、なんていう経済観念はまったくなく、赤字を補うためにクレジット・カードで買い物をするので、銀行口座は貯金どころか恒常的に借り越しだ。イギリス国民のひとりあたり借金高は、住宅ローンを除いても平均五千三百ポンド(約九十万円)、つまり国民総赤字、貯金ゼロ。借金高はヨーロッパの中でも「憂うべき水準」だと言われている。

貯金もないのに毎月の赤字覚悟で家を買う。そこまで決心して買った家なら大事に何年も住むのかと思うと、どっこい二年もたてば売ってしまう。家の値段が少しでも上がっていれば売った差額で新しいローンを組み、もう一ランク上の家を買う。あるいは給料が少しでも上がったら、その分今年からは貯金に回す——なんて無駄なことはせずに、すかさず新しいローンを組んで高い家に買い替える。つまり給料はいくら上がっても生活は楽にならず、何のことはない、ちょっと大きな家に移り住むだけのことなのだ。

（ちなみに「ファースト・バイヤー」という言葉があるが、これは生まれて初めて家を買う若い人のこと、つまり家は一度買ったら必ず買い替えてゆくものと決まっているのだ。一生に一度しか家を買えない日本人には必要のない言葉だろう。買った家は売るものと決まっているので、日本と違って家を売っても税金はかからない。）

日本でもバルブの時代には「土地転がし」という現象があったが、イギリスでは家を切り離して土地の値段だけが上がることはないから「家転がし」とでも言えようか。家を早く転がすためには家の値段を上げなくてはならないので、安く買った家の内装を一新し、キッチンやバスルームの設備を新しくする。屋根裏を改造し、サンルームを建て増しする。そうやってせっかく住みよくした家を住む暇もなく転がして、次の家に移る。なぜなら、「小さいながらも楽しい我が家」なんてことはなくて、家が小さければ楽しくはないのだ。これは、初期症状その二、大きいことは良いことだ家転がし症状、とまとめることができる。

さて、せっかく改装で家の価値を上げても、その分お金がかかったのでは家を売る時の儲けは少なくなってしまう。だから内装くらいは外注せずに自分でやる。だから週末といえばペンキ塗りやら壁紙貼り替えやらでつぶれてしまうのだが、それを趣味と言いくるめるのがＤＩＹで、前述のとおりＤＩＹは国民のホビーということになっているが、本当のところは家にとりつかれる病の副作用と言えるだろうか。

週末のＤＩＹセンターへ行くと必ず、若いカップルが人目もはばからず大喧嘩をしているのが見られる。なにしろリフォームと言ったって、家の値段がいくら上がるかが掛かっているのだから真剣である。風呂場に一段ランクが上のパワー・シャワーを取り付けるかどうか、パテオのドアだけはコストを抑えるために二重ガラスでない安物にしておくかどうか。夫婦喧嘩の一番多い場所は車の中とＤＩＹセンター、という統計も出ている。

こんなにみんなが家を売りたがり買いたがりしている国なら、不動産屋は儲かって仕方がないだろうと思うと、まったくそのとおり。不動産屋がいかに社会的に重要な地位を占めているかは、そのへんの商店街を歩いてみればすぐに分かる。筆者が以前住んでいたサリー地方のブッカムという村では、たった一本の五十メートルばかりの表通りに商店が並び、その内訳はスーパー一軒、ペットショップ一軒、肉屋、獣医、郵便局、新聞雑貨屋と並び、そして青物屋は一軒も無くて不動産屋が四軒という、非常にイギリスらしいものだった。今住んでいる同じくサリー地方アシュテッドの町の表通りはもう少し大きいのだが、食料品を売っているスーパーはやはり一軒のみ、これに花屋や薬屋が加わりブッカムよりはいくらかにぎやかなものの、八百屋はなくて不動産屋が五軒もある内訳は変わらない。やっぱりイギリス人にとって、家は食べ物より大事なのだ。

先にイギリス人は住んでいる家のレベルで分類されると言った。日本にはボロ家に住んでいても実は銀行に貯めこんでいる「隠れ金持ち」もいるが、イギリスにはそんなケチはいない。金があればありったけ吐き出して大きな家を買うのが当たり前だから、小さな家に住んでいれば、こいつはまともなローンを組む甲斐性もないやつだ、と見なされても仕方がないのだ。同じく、ボロ家に住んでいても人格が上品だという主張もまず通じない。もっとも、ボロは着ても心は錦、というのはイギリスにもありますから、そうするとやっぱり着る物は住む家ほど大切ではないのだな。

さて、これほど家が大事なイギリス人が、家を持っていない人に出会うとどのような反応を示すか。

まず試みに、初対面のイギリス人に「うちは家を買うお金が無いんでアパートを借りているんです」と言ってみよう。「はあ……」と相手は恐怖を隠そうとして、いかにも苦しげな顔になる。続けて、「でも家なんかなくたって、わたしは幸せなんです」と言ってやると、相手は「そりゃそうでしょうとも、よく分かります」とあいづちを打ちながら、狼狽して赤面するはずだ。で、すかさず「でもやっぱり家は欲しいから、なんとかして買おうと思っているんですけど」と言ってあげると相手はほっとして、ここでイギリス人の美点を取り戻す。そしてどうやったら金が無くても家を買えるか、頭金無しの一〇〇％ローンはどこで借りられるか、この地域でファースト・バイヤー向きの家を探すにはどのストリートやアベニューへ行ったらよいか、等々を熱心に教えてくれる。つまり優しい彼らは今の世の中・二十一世紀にもなって家を持っていない人間がいるという事実に耐えられないほど同情してしまうのです。

以上はなにも話を面白おかしくしようとして書いたのではない。実はこのあたりがイギリスの謎を解く上で重要なポイントなのだ。なぜイギリスという国は、政府に金が無くてせっかくの完璧な医療制度もダウン寸前なのに、いとも簡単に失業者やシングル・マザーには無料《ただ》で家を与えてしまうのか。自国の電車や地下鉄さえまともに走らせる金もないのに、なぜ押し寄せる無一文の移民のためには、すぐにイギリスの国費を出して家に住まわせてしまうのか。なぜイギリス人はそんなに心優しいのか。

戦後、政府の方針で、ワーキング・クラス向けの公営住宅が全国に建てられた。たいていセミ・ディタッチト(二戸連携型住宅)で、造りは質素だが部屋の大きさは十分で庭も広い。五人家族で子供が三人なら子供部屋も三つ、という計算で大きく作ってあるから、兄弟や姉妹で部屋をシェアーすることもない。払える人には賃貸し、払えない人には家賃を補助して住まわせた。

その後、ワーキング・クラスのあいだにも持ち家を普及させようという政府の方針で、公営住宅は格安の値段でテナントに払い下げられることになった。

(ここで、ミドル・クラスは自分で働いた金で家を買うのに、ワーキング・クラスは政府の補助で大きな公営住宅を安く買えることになり、大きな不公平が生じたことを覚えておこう。）
頑張れば誰だって家が買える！　ミドル・クラスでなくたって！　と、政府に叱咤激励されたワーキング・クラスの国民は、忠実に家を買った。「どんなに貧乏をしていても人間には家を所有する権利がある」と国民に信じさせた持ち家信仰はこうして全国を完全制覇し、現在はどういうことになっているかというと、どうしてもお金の無い人には国家が家をくれるのです。

そんな馬鹿な、と思われるでしょうか?。

知り合いの娘さんの話です。十七歳の彼女は親元からカレッジに通い、ダンス・スタディのコースを取っていたのですが、ボーイフレンドができて妊娠。相手は収入が無いし、もちろん双方とも結婚する気はありません。カレッジは即中退。赤ん坊を抱えた彼女は働けないし働きたくもない、となれば泣く泣く実家で肩身の狭い思いをしながら生きていく――と思いますか？　残念でした、シングル・マザーになった彼女は公営住宅の順番待ちを一挙に飛び越え、出産と共に母子独立して住むフラットを獲得したのです。

働いていない彼女に家賃は払えないから、催促無しのある時払い。事実上ただで家をもらったことになる。なぜ政府はこんなに親切なのか、理由は、理想の国では母子たるものは親の家に寄宿などせず、独立した家に住むべきだからです。それを見込んで、親の家を出たくなったティーンエイジャーはわざと妊娠してシングル・マザーになる、そうすれば無料《ただ》で自由が買えるから――これは決して大げさな作り話ではありません。

なるほど、さすが元大英帝国イギリス、どんな国民にも不自由はさせない、なんという懐の深さ！ と感心するのはまだ早い。確かに心意気はたいしたものなのだが、右記のようなケースが重なると、同じ公営住宅地域でも、ある人は一生懸命働いて家を買い取ったのに、隣の母子家庭は一銭も払わずに同じレベルの家に住んでいるという不公平が生じる。そして「不公平感」は時として得をしている人に対する「憎しみ」にエスカレートするのですね。

もちろん、子供を抱えたシングル・マザーに国が手を差し伸べるのは正しいことだし、自分がその立場になってみればありがたいことに違いない。健康上の理由などで、働きたくたって働けない場合もある。相手があってできた子供なのに、母親だけが責任を問われるのもおかしい。しかし問題は、現在のシステムでは「本当に弱い立場の人」と「ちゃっかりした人」、「便乗してうまくやっている人」の区別がつかないこと。そうすると、全部まとめて「ずるい」とか「不公平だ」とみなす不満のターゲットになってしまう。それはシングル・マザーだけではない、どのようなベネフィット（社会保障給付）でも同じで、この鬱積した不満が顕著な形で吹きだしたのが、二〇〇一年七月にグラスゴーで起きた殺人事件だった。トルコから亡命してきたクルド人移民が、グラスゴー郊外の公営住宅をあてがわれてまもなく、見も知らぬ地元民に刺し殺されてしまったのだ。殺人の理由は個人的な喧嘩や恨みではなく、得をしている移民全体への「嫉妬」だったという。

この事件は、「およそ人間と名のつく者はすべて自分の家に住むべきである」というイギリス人の理想をイギリス国民ばかりか移民にまで無理してあてはめたために起きた、と言えようか。移民をめぐる全体の背景を説明すると、そもそもイギリスが移民のあいだで「ヨーロッパで一番住みたい国」とあこがれの的になったのは、生きて国境を越えさえすればただで家がもらえるという評判が行き渡ったためだった。

イギリスへの亡命希望者は、まず国境（ドーバー海峡かユーロ・トンネル）を越えてイギリスに入ると、その瞬間から国のゲストとして丁重に扱われる決まりになっている。亡命資格の審査もせずに国境の向こう側に追い返したりはできない。そんなことをしたら本物の政治亡命者や難民は殺されてしまうかもしれないからだ。結果として、本物の亡命者も偽物（経済移民）もいっしょくたに移民局に書類が回されるわけだが、もう何年分もの書類が詰まっているので、審査判定をするのに二年も三年もかかる。順番を待っているあいだ申請者の身分は宙ぶらりんだが、英国政府は彼らの身柄を預かっているあいだは、人間として正当な扱いをしなくてはならないのだ。

人間として正当な扱い、とはイギリス流に解釈すると「一家族ずつ一軒のまともな家に住む」という意味になるので、政府は移民の家族に無料《ただ》で公営住宅を与えてしまう。亡命資格がはっきりするまでは、どこかの難民キャンプに仮住まいさせておいたり、どこかの大きな体育館に何家族もまとめて詰め込んでおくようなことは絶対にしない。よその国ではそんなひどい仕打ちをしているようだけれど、元大英帝国たるものがそんな非人道的な扱いをしてはいけないのだ。

もちろん、天井知らずで増え続ける移民希望者を豪華一戸建てに住まわせるわけにはいかないから、ロンドンから遠く離れた公営住宅の空いている地域に送り込み、一家族ずつ独立したフラットと家財道具一式を与えて住まわせるのだが、問題は同じ公営住宅地域に住んでいるイギリス人だ。

彼ら自身、非常に貧しい境遇にあり、生活も四苦八苦なのに、昨日イギリスにやってきた一文無しの移民が今日はもう無料《ただ》で俺たちと同じ家に住んでいる！　冷蔵庫や洗濯機まで国が買ってくれて！　という不公平感は政府ではなく移民に向けられる。難民というものは、テレビのニュースで見るように雨の中を地べたに張ったテントに住み、百人にトイレがひとつしかないようなみじめな状態で生きていると思ったら、あいつらは俺たちより新しい家に無料《ただ》で住んでいる！　あんなのは偽移民だ！

そういう雰囲気が広まると、本当に民族虐殺からかろうじて逃げてきた本物の難民までいっしょくたに憎まれるようになってしまう。

しかしグラスゴーの事件後もイギリスへやってくる移民の数は減る気配がない。民族間の争いで実際に身が危険にさらされているわけでなくても、自分の国でどん底の経済状態にあえいでいる人々にとって、「イギリスへ行けば家がもらえる」という夢のような話は、たとえ殺される危険があっても、やってみるだけの価値はある賭なのだ。

以上をちょっと整理すると、

(Q)なぜ英国政府は金が余っているわけでもないのにシングル・マザーや移民にはただで家を与えてくれるのか。

(A)人間はたとえ飢え死にしようとも自分の家に住まなければならない、とイギリス人は信じているからだ。

この結論をもっと大胆に要約すると、日本語で言うところの生活の三大要素「衣食住」は、イギリスでは「住住住」になる。便利なので、本章のテーマである「持ち家信仰から生じる諸問題」は次の章からは「住住住病」と略して呼ぶことにしよう。また、この病の当然の帰結であるイギリスの食のまずさと衣類の情けなさについてはもうあちこちで書かれているので、本書では割愛しましょう。

［メモ1］――念のために言っておくが、日本人観光客がイギリスの移民局へ行って「あの、ここに亡命したいんですけど、家を下さい」と言っても、もちろんダメです。日本にとどまっていては身の危険があるというクレームは、いくら甘い英国移民局にも通じません。

［メモ2］――英国政府の移民対策は、二〇〇一年の秋、急旋回を遂げた。押さえても押さえても吹きこぼれてくる移民問題にブレア政権も音をあげたのであろう、今後、移民申請者を地方へ散らして家族毎に公共住宅をあてがうことは止め、申請中は移民専用の宿泊所に集めて住まわせると宣言した。宣言したと言っても大勢をまとめて収容する施設が今すぐみつかるわけではないから、そこは現在空いている軍の施設などをおいおい改造して、という次第になる。だから実現はまだ先のことだろうが、日本はまだここまで考えなくても大丈夫でしょうかねえ？

●パート2　にわか中流の勝利

さて、パート2として、「住住住病」の病因へとテーマを進めていきましょう。

なぜイギリス人はこうまで家にこだわるのか。そりゃあみんなが大きな家に住めれば良いけれど、それは実現不可能だし、だいたい家だけが全てじゃない。そこそこ小ざっぱりとした家に住めればそれで良しとして、もっと精神的な幸せに目を向けたらどうだろう。家なんて今は新しくてもどうせすぐに古くなってしまうものなんだし——とはイギリス人は思わない。誰だってより良い家に住む権利がある！　とあくまで理想をつっぱねる。

なぜそんな実現不可能な理想を信じられるのか、理由として、まず絶対的な物理条件があるのだが、すでにこの本の「はじめに」で結論は言ってしまいました。非方丈記型イギリス人、というやつですね。特に目新しい説でもないので詳しい説明は省略しますが、知りたい人は方丈記を全文読んでみてください。では、いきなりディテールに移りましょう。キー・ワードは「レンガと漆喰」です。

「brick and mortar(レンガと漆喰)」、そのものずばり、家のことです。「as safe as houses(家のように安全)」という決まり文句同様、覚えておくとよい表現ですね。

なにしろこの世で一番頼りになるのはレンガと漆喰。イギリスで家を建てているところを見たら、日本の大工さんは目を回すだろう。レンガをずらっと並べる。漆喰をいい加減になすりつける。その上にまたひとしきりレンガを並べる。また漆喰をなすりつける。レンガを並べる。漆喰をなすりつける。レンガを並べる……たったそれだけで家が建つなら、子供の積み木と同じだ。

ところが、これがまさしくイギリス流・家の建て方で、なぜかめっぽう頑丈なのです。どんなに高いレンガの壁だって鉄の心棒が入っているわけでもなく、レンガの自重そのもので支えているだけ。そんなことを平気でしているのは地震がないためで、実際レンガの壁が崩れたなんていう話は聞かないから安全なのだろう。

(もちろん家を建てるとなれば、実際には地面に近い所には湿気避けをはさむなどの小技はありますが、基本はレンガと漆喰です。)

このレンガの家、火事が起きたって屋根や内装が焼けるだけで、壁はしっかり建っている。ちょっとしたボヤならそのまま修理してしまうのだ。ハンプトン宮殿やウィンザー城だって最近焼けたけれど焼け落ちたわけではなく、レンガのストラクチャーはそのままで中身だけ修復した。「as safe as houses」の由縁です。

さて、壊れないレンガ造りという家の性質上、イギリスの不動産市場は日本のものとはだいぶ違う構造になっている。
（1）家はすでに建っているもので、新築の家、なんて代物はめったにない。
（2）家は古ければ古いほど値段が高い。

日本ではどんな田舎だって、戦前からの家をそのままの造りで住んでいる人はほとんどいない。それがイギリスでは、戦前どころかヴィクトリア時代の家も珍しくないのだ。家というものは建てられた年代によって特色があり、十八世紀から数えてジョージアン、ヴィクトリアン、エドワーディアン、そしてサーティーズ、フォーティーズ、フィフティーズ（一九三〇年代、四〇年代、五〇年代……に建てられた家）という風に呼ばれる。建てては壊し、建てては焼かれ、を繰り返してきた日本の家とはコンセプトが違うのだ。

日本では良い家は「次の代までもつ」とか、「二代もつ」とか言われるが、イギリスではどんな家だって何代もの住み手を経て、人間よりずっと長く生きている。言わば、町というものは永遠に壊れない家によって成り立っていて、短命な人間はそこを寄生虫のように出たり入ったりしているに過ぎないのです。それに対して日本では町というものは人によって成り立つ。人は家を建てては壊し、建てては壊しして町を作ってきたわけだ。こう書けば、イギリス人にとって、いかに家が大事かが分かっていただけるだろうか。

そこで家の価値の話になるのだが、外側（レンガの壁）が同じなら勝負は中身で決まる。持ち主が変わるたびにここを変え、あそこを直し、セントラルヒーテイングや防音窓を取り付け、家は年月と共に少しずつ住み良くなってゆく。百年経てば家の外側は由緒あるビクトリア調、内側は快適でモダンな設備、という理想の家が出来あがる。古い家ほど価値がある、と言ったのはそういう意味だ。

家から外へ出てみると、ひとつのストリートには同じ形の家がずらりと並んでいる。家は日本のように建てては壊す習慣がないから、ストリートはいったん両側に家が建ち並べばもう完成、その時点でストリートの「ランク」が決まり、家の値段も決まる。あとは中身の改装によって差がでるだけだ。そして国中どのストリートも相対的なランクが決まっているから、家の値段は誰の家でもひとため見ればだいたい分かってしまう。つまりイギリスでは家の値段というものは日本のようにファジーではないのだ。

なぜこんな細いことにこだわるのか、それは、「家の価値＝人間の価値」という住住住病の明らかな病因がここにあるからです。

家の値段体系がファジーではなく、全国どこでもストリート別にはっきり決まっていると、同じストリートに住む人々はたいてい同じくらいの生活水準になる。お隣はうちより少し大きいとか、お向かいはだいぶ小さいとかいうデコボコがないから、生活水準のかけ離れた人が引っ越してくることはほとんどなく、地域全体のクラスは固定する。

もちろん日本でも山の手と下町があったり、同じ形の家が並ぶ新興住宅街があったりはするが、しょせん家の大小など五十歩百歩、豪邸と言ってもたかが知れている。ところがイギリスの家のぴんからきりまでの差は筆舌に尽くしがたく、しかもそれがきっちり細分化され、ガチガチな体系になっているのだ。ここまでくると「例外」はなくなり、だから家を見れば人が分かるという次第になるのです。

さらに細かいことを言うと、日本では住民税といえば収入に応じた率で計算されるものだが、イギリスでは住民税にあたるカウンシル・タックス（地方行政府税）は、住んでいる家の評価価格帯（AからEまでのランク付け）によって決まる。収入の高低にかかわらず、高い家に住んでいる人は安い家に住んでいる人より住民税を多く払わなくてはならないのだ。となるとますます家のランクと人のランクの関係は密接になる。

説明に手間取ったが、病因研究はここまで、次に治療法に移ろう。

家で人を判断する悪い癖は、家＝人、の関係が崩れれば自然と治るはずだ。つまり日本のように家と人のクラス関係がファジーになればよい。そして都合の良いことに、イギリス社会はその方向に向かって小さな一歩を踏み出しているのである。

ワーキング・クラスにも家が買えるようになった経過は先に書いたけれど、もちろんそれでワーキング・クラスとミドル・クラスの差がなくなったわけではない。

(小声で言わせてもらうと、筆者のまわりではクラスを越えての付き合いなど、断じて無い。口ではどう言おうとミドル・クラスとワーキング・クラスは軽蔑しあっているので、英政府の建て前であるクラスレス・ソサエティー(階級無き社会)の中身は空っぽ、ゼロです。たまにクラスを飛び越えて結婚したカップルのインタビュー記事などを見かけることがあるが、それはインタビューされるほど珍しいからだ。身のまわりの現実の世界ではあまり見かけない。)

では何が変わったかというと、ワーキング・クラス出身で高い教育を受け、良い仕事についていて家も買い替え買い替えしてほとんどミドル・クラス並になった人——つまり「にわか中流」が増えたこと。

「にわか中流」は生活スタイルが変わっただけで、中身はまだれっきとしたワーキング・クラス。本物の中流からは中流とはみなされないのだが、その子供たちとなると、これはファジーなミドル・クラスだ。今はその二代目の時代なのです。だから、これからファジーなミドル・クラスの三代目、四代目の時代になれば、かなり本物に近いクラスレス・ソサエティーが達成される可能性がある。

もちろんイギリスではミドル・クラスをあいだにはさんだアッパー・クラスとワーキング・

クラスの差がなくなるところまでは行かないだろう。しかしファジー・ミドルが人口の過半数を占めるようになったらどうなるか。家を見ればお里が知れる、なんてことはなくなり、家の価値と人の価値はイコールでなくなる――これはもう大革命ではありませんか。人の価値が家の価値で判断されなくなったら、家ばかりを人生の第一目標にしたってつまらない、と思う人もでてくるだろう。そこまでいけば「人間はより良い家に住むために生きている」と思いこむこともなくなり、住住住病は一挙に自然治癒だ。

(実際、最近の統計では自称ミドル・クラスが初めて人口の五十パーセントを越えた。ファジー・ミドルの二代目は、親子代々年期の入ったミドル・クラスからは仲間として認められなくても、もう勝手に堂々とミドル・クラスを名乗っているのだ。)

以上、家について書いてきたことはヨーロッパ中どの国にも共通かと思うと、どうもイギリスにしか当てはまらないらしい。なぜだろうと考えてみると、思い至ることがある。そうだ、これはひとえにイギリスのお天気のせいに違いない!

南ヨーロッパ、例えばスペインのアンダルシア地方あたりに行ってみよう。白壁の小さな家がぎっしり建て込んだ丘の中腹、開け放した戸口の前にはおばあさんが石段に座ってレース編みをしている。子供たちは通りを走り回り、窓からは洗濯物がはためいている。そんな風景はイギリスには無い。なぜならお天気が悪いからだ。短い夏はあっという間に去り、秋冬春の大半はどんより曇り空。となると家の中を快適にするのが、どうしたって唯一の楽しみになるではありませんか。

一年の大半を戸外で過ごすことのできる南ヨーロッパでは、家なんか小さくたって構わない。子供は外で遊べば良いし、客が大勢来たら、はみ出した分は通りや庭にイスを出せば良い。なにも十二人用のディナー・テーブルをセットするために大きなダイニングルームを建てる必要はないのだ。それに天気の良い国では楽しみが他にたくさんあるから、週末をＤＩＹでつぶすなんていうつまらないことはしない。しょせん洗濯物を外に干すことさえできないお天気に何世紀も悩まされてきたイギリス人とは、人生の楽しみ方が違うのだ。

それでは北ヨーロッパはどうかというと、これはまた家そのものがちょっと違う。北欧の美しいログハウスはもちろんのこと、ドイツやオーストリアやスイスの町や村を歩いてみても、木のフレームの家、チロリアン・スタイルの木の家が目につく。そしてちょっと山の方へ上ってみると、想像を絶する量の木が切り出されては植林され、植林されては切り出されているのが見られる。木という材料はリニューアブルなのですね。だからイギリスのレンガのように一度建てたらそれっきりというのとはまたコンセプトが違う。

ならばイギリスでもログハウスを建てればよいかと言うと、イギリス南部の田舎をドライブしてみればすぐ分かるけれど、木なんか生えていない。森なんてものはなく、国中が平らな牧草地なのだ。もともと気候が気候だから仕方がない。（スコットランドとウェールズは別だが、先にも言ったとおり、両地域ともにブリティッシュではあるがイングリッシュではない。スコットランド人をイギリス人呼ばわりすると嫌われるし、ウェールズに至ってはウェルッシュという外国語をしゃべっている。テレビも二カ国語放送であります。）

もちろんイギリスにも木がまったくないわけではなく、アッパー・クラスが大好きなイングリッシュ・オーク（樫）がありますが、くねくね育つので、重厚な家具には向いているが、ログ・ハウスやチロリアン・ハウスを建てるには向かない。建築材にするには北欧のパインのようにまっすぐ育つ木でなくては役に立たないのだ。そんなこんなでイギリス人はレンガを積んだ家に頼らざるを得ないのです。

住み手が替わるたびに内装を取り替えて、何百年も建っている家。イギリスの理想の家へのこだわりは、ひとえにレンガがいくらでも手に入る土地柄から生まれたのだろうか……。

［メモ１］——ワーキング・クラスとミドル・クラスの区別はもはや生活水準の差ではつかなくなってきている。クラスを見分ける一番確かな基準は「アクセント」、つまり英語の訛り。これは外国人訛りとは全く別物です。いくら大きな家に引っ越しても、いくら小さな家に落ちぶれても、しゃべる英語のアクセントは変

わらないから、家を見ればお里が知れる、ではなくて、「口を開けばお里が知れる」のだ。

しかしこれも、ミドル・クラスとワーキング・クラスが同じ地域に住みだし、二代目の子供たちが同じ学校に通うようになれば、アクセントは次第に重なりあい、平均化することになるかもしれない。そうなると歴代の英国政府が果たせなかったクラスレス・ソサエティーの夢が達成されるかもしれず、まあめでたいことだ。

〔メモ2〕——家のランク付けがはっきりしている社会では、日本のように人と住居の関係が曖昧な社会に比べて貧乏人はいっそうみじめ。何かにつけ、これでもか！　と自分の住居のランクを見せつけられると、家よりも精神的な豊かさの方が大事だとは考えられなくなって、もう何が何でも良い家に住みたいと思い詰めるようになってしまうのだ。日本人がウサギ小屋から抜け出してマイホームに力を入れるのは良いけれど、イギリス人のように家が国民全員の生きる目的になったらそれで幸せかというと、そんなことはない。極めつけは社交で、友達とは外の喫茶店やレストランで会えば良い日本と違って、イギリスでは互いの家に招きあうのが普通の付き合いだから、自然と住む家のランクが同じ同士しか付き合わないようになってしまう。片方が三十万ポンドの一戸建てで、片方が十万ポンドのテラスト・ハウスでは付き合いも自然と遠のくというもので、それでは寂しいではありませんか。

第6章

日本人も真っ青、生け花方式!

理想のガーデニング

英国式ガーデニングは上流階級の専売特許、
一般庶民は本格的ガーデニングには縁がない。
出来合いの花鉢をガーデン・センターから買ってきては
季節ごとに取っ替え引っ替え植えつける、
インスタントの「生け花式ガーデニング」が主流。
写真:冬でも人気のガーデン・センター、ロンドン郊外

「うちじゃあ昨日、庭を閉めましたよ」

隣のおばさんがそう言った。十月の初旬である。温室や物置を閉めるなら分かるけれど、庭、というものはどうやって閉めるのだろう？

この場合の閉めるとは、鉢植えや花カゴ、サマー・ベッド（夏花壇）でひと夏楽しんだ草花をみな引っこ抜いて捨て、あとは来年の四月まで庭など無いふりをして暮らす、という意味なのでした。隣のおばさんの家では徹底していて、キッチンから庭に向かっているドアに二重に鍵をかけ、庭を閉め出してしまう。ご本人は冬中一歩も庭へ出ないし、窓の外など見向きもしないのだ。

（洗濯物を干す時にはどうするんだろう、などと不思議に思わなくても大丈夫。イギリスでは真夏の一時期を除き、雨は降らなくても地面が冷たく湿っているため、洗濯物は庭に干したのでは何日かかろうと絶対に乾かないのです。日本式に軒下やベランダに干しても駄目です。）

基本的にイギリスの家は通りに面した側に小さなフロント・ガーデン、家の裏側に大きなバック・ガーデンがある。この章で取り上げるのは人の目に触れる側、すなわちイギリス人が誇りとするところのフロント・ガーデンの方です。家の第一印象を良くするために見栄を張るのは、広いバックではなく狭いフロント・ガーデンであることを覚えていてください。

イギリス人庶民のフロント・ガーデニング年間スケジュールは次のようなものです。

四月——水仙やヒヤシンス、チューリップなどが色とりどりに次々咲くのをながめ、咲き終わったら球根を引っこ抜いて捨てる。

五月——スペースができた所へ、ガーデンセンターからありとあらゆる色のパンジーやサクラソウを買ってきて植え、それも咲き終わったら引っこ抜いて捨てる。

六月——空っぽになった花壇に、ベゴニア、ペチュニア、ペリリンクルなど、派手やかな色のサマーベッド（夏花壇）用の苗をガーデンセンターから買ってきて一斉に植え付ける。また、ガーデンセンターから花かご仕立てのゼラニウムをたくさん買ってきて軒下にぶらさげる。出来合いのハーブの寄せ植えを来客の目につく位置に据えつける。

七月、八月——夏中毎日せっせと右記の花々に水をやる。

九月——右記の花をすべて引っこ抜き、捨てる。

十月——庭を閉め、来年の四月まで庭は存在しないふりをする。

イギリスのガーデニングはナチュラルで素敵だ、と思いこまされていた日本人にとっては、大ショックの生け花式フロント・ガーデンです。

そもそも日本でなぜイギリス式ガーデニングなるものが創造されたのか？ 筆者がガーデニングという日本語を日本に住んでいる友人から聞いたのは二、三年前だったろうか。帰国した際、ほら、こんなに出ているわよ、と日本の女性雑誌を見せられてびっくり仰天。イギリスは花いっぱいのナチュラルな暮らしだそうで、同じくこちらに住んでいる日本人の友人と顔を見合わせ、ひっくりかえって笑い転げたのでした。我々の知っているイギリス人庶民のガーデニングの特徴は「趣味が悪い」の一点につきるのです。

こんなことを言うと、イギリスに旅行して貴族の庭園など見て回り、感激して帰ってきた日本人からはクレームがつくかもしれないが、庶民の実態を知っておくのも良いことだから書いておこう。

まず最初に世界地図を見てください。イギリス南部（ロンドン近辺）の緯度は日本の北海道よりずっと北、カムチャツカ半島あたりに位置している。だから、夏は日が長いかわり、冬は日が短い。さらに、冬の空はほとんど毎日分厚い雲に覆われているので日照時間はゼロと思っておけば間違いがない。イギリスに長年住んでいる人に、この国の一番嫌な所はどこかと聞いてみれば、十人中九人は冬の暗さをあげる。日本人がイギリスに住んで一番まいるのは「お天気」ではなく、実はこの暗さなのです（一月のロンドンの日照時間は一日平均一・六時間。東京は六時間)。

イギリスの日照時間がどれくらい短いかを説明するのに、こういう話がある。二〇〇一年の夏、ノッティンガム地方のある役所では、新しいパーキング・メーターを導入した。ソーラー・パワー、つまり太陽電池で動く仕掛けの倹約型メーターで、すでにヨーロッパ各地で使われていて効果は立証済みだ。新しいシステムを他の地区に先駆けて導入した役所では、大いばりで古いメーターは廃棄処分にした。

ところが。予算百万ポンドをつぎ込んだせっかくの新型メーターも、イギリスでは役に立たなかったのです。なぜなら、毎日曇りばかりで太陽電池が動かなかったから。しかも、記録によるとこの年の夏は平年より日照時間が長かったらしい。いったい冬になったらどうするつもりだったのだろう?

メーターが動かなくなって得をしたのは、車で仕事や買い物に出かけた市民。問題が発覚するまでに、市民は約四十万ポンドの無料乗り《ただ》(無料駐車)をした計算になるとか。

こんな天気だから、イギリスでは一年の半分以上、ガーデニングは存在しない。各地の貴族の館や有名なナショナル・トラストの庭園でさえも、十月頃から翌春のイースターまで閉めてしまう所が多い。しかも夏は日が長いと言っても、東京近辺に住んでいる日本人が考えるような夏ではなく、暑いと感じるのは年に十日あるかないか。ヒート・ウェーブがやってくるのは六月から八月のうち一度か二度、つまり合計でも二週間くらいで、あとは夏でも涼しいのです（ロンドンの八月の平均気温は十七度、東京は二六度）。

だから夏の花の時期はとても短い。どれくらい短いかというと、たとえば朝顔の種を蒔くとする。最後の霜の危険がなくなるまでは蒔けないから、六月初旬になる。涼しいのでなかなか育たず、どうにか枯れずに蔓を伸ばし始めた朝顔は、八月も末になってようやくつぼみをふくらませ始める。その頃にはもう夏は終わり、九月になれば葉は黄色くなって、花など咲かないうちに枯れてしまうのです。だから朝顔を育てたかったらどうするかというと、外が寒いうち――四月にはもう温室で種を蒔き、そのまま暖かい温室の中で辛抱強く育ててから七月近くになって外へ出してやる。それならどうにか八月いっぱい花は咲きます。

また、寒さに強くマイナス十度でも冬越しをするはずの多年性の草花や庭木も、ただ庭に植えて放っておいたのではすぐ枯れてしまう。理由は「ウィンター・ウェット」、つまりイギリスの冬の敵は寒さではなく、冬中地面がぐちゃぐちゃになる根雪ならぬ根雨なのです。何を植えるにも水はけを良くするための手段を講じなければならない。イングリッシュ・ラベンダーを植えるには砂利を混ぜ、特に粘土質の地域では根雨に強いバラでさえ用心して水はけの良い土を入れてからでないと植えられない。そして、夏の間にこぼれた花の種は、翌年の春に芽を出す――ようなことは決してないから、毎年新しい種を蒔かねばならない。なぜなら、地面にこぼれた種は冬の間に根雨で腐ってしまうのです。芽を出すのは雑草だけだ。

こんな気候では、ガーデニングの傾向は大きく真っ二つに割れる。

(1) 逆境をものともせず、最大限の努力をして、イギリスでも育つ冬の根雨に強い植物を育て、テレビでも紹介されれば、入場料を取って観光客にも見せられるほどの理想の庭を作り上げることに生涯を費やす。

(2) あきらめて毎年ガーデン・センターからすでに花の咲いている苗を買い、取っ替え引っ替えフロントガーデンにすげ替えて生け花方式に徹底し、理想の花壇を演出する。

(1) は金と土地と時間の余っている「上流」から「中流の上」の趣味、(2) はそれ以下の庶民のガーデニングです。

庶民のガーデニングについて知るためには、庶民の住む住宅街を歩いてみればよいのだが、せっかくイギリスに来て素晴らしい貴族の屋敷や庭園を見ずに普通の家を見に行くのももったいないので、ここは読むだけで済ませましょう。まず「庶民」という言葉の定義の説明から始めます。

思い出していただきたいのは、日本ではほとんどの国民が自分は中流だと思っているのに対し、イギリスでは国民の半分以上が自他ともに認めるワーキング・クラス（労働者階級）であること。ミドル・クラスはその上だから、つまり日本の中流のように真ん中あたりのマジョリティーのことではなく、真ん中より上という意味なのだ。だからイギリスのミドル・クラスを庶民と呼ぶのは間違っていて、本来庶民というのはワーキング・クラスのことだ。しかし時代の変化とともに階級の人口比も動いていることだし、本章では実に乱暴だがミドル・ミドル・クラス（中流の中）以下をすべてまとめて庶民と呼んで片づけることにする。そうすると大体国民の七〇％くらいをカバーすることになるから具合が良い。

さてガーデニングに話を戻すと、まず普通程度の趣味の持ち主の日本人は、イギリス庶民の家のフロント・ガーデンを見るなり、その配色のどぎつさにど肝を抜かれてしまう。赤青黄色、オレンジ色。三カ月後、同じ家の前を通りかかると、花は一斉に入れ替わっている。今度は赤白まだらに、紫色だ。

うわぁ！ と驚くにはあたらない。彼らは庶民向けガーデニングのマニュアルに沿って生け花式ガーデニングを実践しているのです。

「春の配色――華やかなオレンジ色に鮮やかな黄色の縞の入ったチューリップ。紫色のパンジーとピンク色のデイジーを合わせて青いプランターに植えるととてもよく引き立ちます。」

引き立つ、というのは色がぶつかるという意味か。

「夏の花壇——大輪八重の赤とピンクのベゴニア、これにオレンジとピンクの斑のペリリンクルと新種の黄色のマルガリータを添えてみましょう。道行く人が振り返ること請け合いです」

そりゃあびっくりして振り返るだろう。このような庶民の行くガーデンセンターで球根や苗を買うと、ラベルにはこう書いてある。

「土が乾いてきたら水をやります。花が終わったら捨ててください (discard after flowering)」

チューリップの球根をとっておいてまた来年咲かせるにはどうしたらよいかとか、ラビットイヤーを根分けして増やす方法はとか、ましてやゼラニウムの根を冬越しさせるための注意とかは書いていない。そうです、庶民はこの「捨ててください」という指示を忠実に守っているのです。

日本人が何やらガーデニングの手本として尊敬しているらしいイギリスの庶民は、なぜこんな日本人も真っ青の生け花式ガーデニングに徹底しているのか。それは、イギリスの気候にも負けず、フロント・ガーデンのスペース制限にも負けず、「理想のフロント・ガーデン」を演出するためなのです。

まず、中流の中以下の家では通りに面したフロント・ガーデンはせいぜい幅六メートル、奥行き三メートル。スペースが限られているうえ、花の咲く時期は短いから、あれもこれもたくさん一斉に咲かせなければならない。それで色の統一も趣味もなく、ありったけ植えて華やかさを競うことになる。

咲き終わった水仙やチューリップの葉を来年のために繁らせておいたのではスペースが無駄になってしまうから、即、引っこ抜いて次にサマーベッド（夏花壇）のペチュニアやペリリンクルを植える。これも配色どころの騒ぎではない。なにしろ時期は短いのだから出回っている限りの色、しかも目立つショッキング・ピンクやオレンジを多用して、おまけに花かごをいくつも吊り下げ、毎日せっせと水をやる。そして九月になるともう葉は黄色くなってしまうから、見苦しくなったら全部引っこ抜いて捨てる、これで一年のガーデニングはおしまいです。

では残りの半年、庶民の生け花式ガーデニングはすっかり店仕舞いかというと、そういうわけでもない。確かに十月から翌春のイースターまではしょっちゅう雨が降ってじめじめしているので、道行く人も他人の家のフロント・ガーデンなどのぞきもしない。第一、冬には道を歩く人もいない。みな車だ。ではどこで家を飾りたてて見せればよいのか——それはもう家の中しかない。

かくして、冬のあいだ、舞台はリビングルームに移ります。庶民が庭を閉じる十月初旬、郊外のあちこちにスーパーマーケットよりもたくさんあるガーデン・センターの広い温室は、シクラメンやポインセチアや促成栽培で咲かせたアザレアの鉢物で埋め尽くされる。庶民はそれを来客のある前にたくさん買い込み、みんなでながめて感心し、暖房のきいた暗い室内ではすぐに枯らしてしまうのでそうしたら鉢は捨て、次の来客のある前にまたたくさん買い込むのです。特に人寄せをするクリスマスの前になると、ガーデン・センターでは買っても買ってもこれでもかというほどたくさん鉢植えを用意している。日本の普通の園芸店などこちらでは店と呼ぶに値しないくらい大量の鉢植えが売られているのです。

本当はシクラメンなどは暖房の無い涼しい部屋の窓際に置いておけば長持ちするし、アザレアだって花が終わったら来年までとっておいてまた咲かせれば良いのだが、庶民はそんなことはしない。なぜなら、来客には花いっぱいの理想のリビングルームを見せる必要があるのだから、裏の寒い部屋に花を飾っておいたり花の終わった葉っぱだけの鉢を来年まで取っておいたりしても意味がないのです。

誤解のないように断っておきますが、元貴族の庭園や、中流の中より上で時間と金のある家では以上のような生け花式ガーデニングはしません。第一、春の花が終わったら引っこ抜いて夏の花と入れ替えたりしなくてもスペースはたっぷりあるし、常緑で冬でも見栄えのよい大きな庭木を植えておく余裕もある。狭いフロント・ガーデンを最大限に利用して焦って理想の夏を演出しなくたって、門にはウィステリア、ポーチにはハニーサックル、垣根にはクレマチスをからませ、ドライブウェイの両側はラベンダー、サマーベッドのスペースが余ったらハーブ・ガーデンにしておく、というようにゆったりと一年の巡りを楽しむことができるのです。

さらに「中流の上」以上の人々は、家の中の掃除や芝刈りや生け垣の手入れなどのつまらない仕事は人を雇ってやらせるので、毎日時間があってしょうがない。だから週末にガーデンセンターをかけずり回って、出来合いの花かごだの寄せ植えだのを買ってこなくても、自分で種を蒔き、じっくり苗を育て、夏の花かごも自分で仕立て、花が終わったデルフィニウムやペオニやバラには次の年のための手入れをし、雇い人に集めさせた落ち葉は二年も三年もかけて腐葉土にし、キッチンのゴミも庭のコーナーに捨てさせて堆肥にする。その種の人々は先祖代々育ててきた庭を大事にするとともに、種や苗の通信販売のカタログをいくつも取り寄せ、長い冬の間にじっくり調べて、これはと思う新種を取り寄せる。大きくなりすぎた株は数年毎に根分けをし、挿し木でストックを増やしていく。しかしこんな真面目なガーデニングをする人々は国民全体から見れば希です。

庶民的ガーデニングの悪口ばかり書いたが、彼らの名誉挽回のためにつけ加えておくと、毎年一生懸命理想の夏を演出しているうちに、結果は逆に満艦飾で趣味の悪いガーデンになってしまったことに気がついた人々もいます。オレンジ色と紫色と赤と黄色とピンクをぶちまけるのが本当に美しいのだろうか？　と反省しだした彼らは、イギリスの外《そと》にインスピレーションを求めて新しいガーデニングを始めました。咲いては終わってしまう色とりどりの花ではなく、一年を通じて緑がベース。常緑にシルバーや斑入りの葉でアクセントをつけ、花の色は青系統や白系統に統一する。ごてごてと飾りたてずにシンプルに、若い人にアピールするアーバン・スタイルではフロントガーデンに白砂利を敷き詰め、厳選した常緑の鉢植えで要所を固める。そんな趣味の良い新しいガーデニングのお手本は——そうです、ジャパニーズ・ゼン・ガーデン（禅庭）なのです。

色取りどりのひらひらペチュニアは捨てられ、どぎついウォールフラワーも隅に押しやられ、かわってストーン（石）やバンブー・フェンス（竹垣）の登場。主役はなんと花の咲かないモミジにマツ、アオキにヤツデです。ガーデニング雑誌もこぞって「ジャパニーズ・ガーデン」特集を組み、ジャパニーズ・メイプル（モミジ）やジャパニーズ・バンブー（竹）の通信販売の広告を載せている。

郊外の大きなガーデン・センターへ行くと、その年のファッションの傾向がはっきりと分かります。過去二、三年はメディテラニアン（地中海）式のパテオが流行で、真っ青やオレンジ色に塗った大きな鉢と白壁にピンクが映える壁掛けゼラニウムが人気だったけれど、新ミレニアムのトレンドは白黒灰色と、ぐっとシックなのです。

しかし初心者の悲しさで、ジャパニーズ・ガーデン＝石、そして石なら何でも良いと思っているのか、その辺のフツウの石をコロンと真ん中に転がしてあったり、ゴロゴロたくさんぶちまけてあったりで、工事現場のようなストーン・ガーデンもあるのです。しかもその真ん中には、これも通信販売で買ったらしい石の大仏様がお座りになっていたりするのだが、まあ人の努力を笑ってはいけない。日本と中国のミスマッチだって、無いよりはましだ。とにかく、それまで上流階級ではおもしろがられていても庶民には全く知られていなかったジャパニーズ・ガーデンは一躍有名になり、二〇〇一年にはかの有名なチェルシーのフラワー・ショーで一等賞を取ったのでした、めでたしめでたし。

とはいえこれで、恐ろしい満艦飾生け花式ガーデニングがイギリスから死に絶えたわけではありませんからご安心を。なぜなら、白砂青松の花抜きスタイルはアーバン・シックの若向けではあっても、庶民の住宅街の理想の夏を満たすにはやはり役不足だったのです。実際、筆者は見たのだが、このあいだエプソンはずれの住宅街を通ったら、ガーデンセンターから買ってきて植えたばかりとおぼしき、枝振りもなかなかのモミジの足元に、ショッキング・ピンクとオレンジ色のペチュニアがひらひら満開になっていた。そのうえ、これもガーデンセンターから買ってきたばかりと一目で分かるぴかぴかのバンブー・フェンス（竹垣）の足元には真黄色と真っ赤のナスタチウムがからみつき、ふと上を見上げると赤青黄色そろった花かごがしっかりとくくりつけられていたのでした。

第7章

移民天国と殺されない王室

理想の帝国と移民対策

移民の多いイギリスでは、地域により
アラビア語、ウルドゥー語、グジャラティ語、アルバニア語など、
多国語への対応が要求される。
写真:各国語新聞を売っている、ロンドンの街角のスタンド

イギリスにはやたらと休日が多い。なぜ夏休みと冬休みのあいだにもうひとつ一週間も休みがあるのだろう？　しかも日本のように「〇〇の日」という口実もなく、適当に週末を長くするための月曜休みをあちこちに散りばめてある。学生はいつ勉強するのだろう？――これは在英日本人が不思議に思うことのひとつですね。日本では休日となると必ず大義名分が必要です。敬老の日とか、緑の日とか、体育の日とか。

では、理由のない休日が多いイギリスにも国民の体育の日があるか？　というと無いのですが、かわりに、各学校ではスポーツ・デイというのがあります。うちの近くではたいてい夏休み前の平日にやっているようです。本章はこのスポーツ・デイから話を始めましょう。

イギリスのスポーツ・デイは日本の運動会ほど大がかりなものではなく、赤勝て白勝てのフォーマットもなくて一、二時間で終わってしまうのですが、生徒の父兄も招かれて見に行きます。近所の知り合いも娘さんの学校に出かけて行ったそうで、その時の話を聞きました。

下の女の子が九歳になって初めて、スポーツ・デーを見に行ってみた。上の子の時には毎年行ったのだが、その後、仕事が変わって真昼間に休みをとるのが難しくなったのだ。今年はどうにか、当日の昼前に抜け出して学校へ行くことができた。

上の子が同じ学校に通っていた頃からまだ何年も経っていないというのに、スポーツ・デイはすっかり様変わりしていた。「五十ヤード走」はなくなっているし、そもそも競走と名のつくものがひとつもない。生徒たちは何やらスポーツ・ゲームのようなものをして遊び、父兄も参加する。最後にひとつだけ、どうやら「競走」と呼べるチーム対抗のリレーがあったが、それもゴールとともに順位を宣言することもなく終わってしまってスポーツ・デイは幕を閉じた。

なぜ学校の運動会から五十ヤード競走が姿を消したのか？　学校側の説明は、「個人の勝ち負けを争う競走は不公平で子供に悪い影響を与えるので廃止しました」。

この話を聞いた時、筆者は思いっきり笑ったのです。ところが日本でも最近の幼稚園では「競争」はいけないことになっているのか、かけっこは「お手々をつないで」走るところもあるのだとか。そうか、これはイギリスだけじゃない、世界的な現象なのか、と感心したのですが、そんなに簡単に感心してしまって良いのだろうか？　かけっこ廃止と手つなぎかけっこの理由が同じとは限らないし、これはもっとよく考えてみなくては……。

というわけで、この章のテーマは「かけっこ」……ではなくて「移民」です。

日本とイギリスの「かけっこ」の違いのどこが移民に関係があるのかというと、直接にはありません。ですが、「平等」あるいは「公平」のコンセプトの新しい解釈として非常に興味深いと思うので挙げてみたのです。詳しく考える前に、もうひとつ学校の話を読んでみてください。今度は移民に直接関係があります。

毎週月曜日の朝、低学年のクラスではスペリングのテストをやることになっている。親もやらされた。そのまた親もやらされてきた、日本で言えば漢字テストのようなもの。それが今学期からはなくなったという。驚いた親が十歳の息子にわけを聞いてみたがどうも要領を得ない。直接担当の教師に聞いてみると、「英語の苦手な子供が多いので、英語のスペリング・テストをやると不公平な結果が出る、だから一斉スペリング・テストは廃止しました」とのこと。

だんだん核心に迫って来たので、もうひとつ学校の話。

毎年十二月になるとどこの学校でも父兄を招き、ナティビティー・ドラマ（キリスト降誕劇）を上演する。イエス・キリスト降誕の物語を子供たちが舞台の上で演じる、イギリス版学芸会だ。ストーリーは決まっていて、砂漠をラクダに乗って旅する三人の賢者、迫害されるユダヤ人、救世主誕生を知らせる星、羊飼い、馬小屋でイエスを産むマリア、その他大勢が出てきて最後はみんなでクリスマス・キャロル（聖歌）を歌う。

もちろんキリスト教のお話ではあるけれど、信者であるとないとにかかわらず、どこの学校でも十二月になったら子供はこの劇を上演する。まあ日本で言えば七月に七夕様をやったり年末にベートーベンの第九を演奏するのと同じくらい当たり前なわけです。見に来る親だって、皆が皆熱心なクリスチャンというわけではない（ちなみに筆者の夫とその両親はそろって完全な無神論者だが、子供の頃はちゃんとキリスト降誕劇に参加した覚えがあるという）。

ところが最近、クリスマスにも降誕劇をやらない学校がでてきた。息子や娘がかわいい衣装を着て舞台に立つ姿を写真に撮ろうと楽しみにしていた親たちは、がっかりして学校に問い合わせた。なぜ劇の上演を止めてしまったのか？　学校側の回答は、「キリスト降誕劇は文化的にフェアではない。配役を選ぶのも子供たちにとって不公平なので、上演は廃止しました。」

これだけでは日本人の読者にはよく分からず不公平なので、ゆっくり考えてみましょう。

まず一番最初のスポーツ・デイに戻ってみると、かけっこの不公平とは「生まれつき足の速い子も遅い子もいるのに、速い子だけ勝って賞をもらうのは不公平だ」という意味ですね。まあ賛成はできないかもしれないが、わかりやすい。例外としてチーム・スポーツは許されているのだが、それも上手下手があって不公平なことは変わりがないし、闘争心ばかり育てるのも感心できないから、学校としてはあまり熱心には取り組まない。イギリスの国技サッカーが危うくワールド・カップ予選落ちの大失態を演じ（外人監督のおかげでどうにか盛り返したが）、プレミア・リーグも出稼ぎ外人選手ばかりに頼るようになってきたのも、学校スポーツ衰退のせいか？

二つ目の不公平（英語スペリングのテスト）は、はっきりと移民の子供が英語が苦手なのを指している。パキスタン出身の子供が多い地区の学校では、公平をはかるため英語の時間を削って、ウルドゥ語の授業を取り入れたところもあるという。私立の学校ではない、れっきとした公立の学校の話だ。このへんになると運動会の五十ヤード走とは違って、ちょっと笑えなくなってくる。民族教育は大切だが、公立の学校でやる必要があるのか？

三つ目の不公平（キリスト教降誕劇）は、移民の多くはヒンズー教徒やイスラム教徒なので、キリスト教の物語を学校で演じるのは文化的にフェアでない、ということ。しかも主役級はどうしてもかわいい子が選ばれることになるから、二重に不公平だというのだ。

以上のエピソードについて在英日本人に聞いてみると、たいてい「気持ちはわかるけれど、どこか違うんじゃない？」という反応が返ってくる。「公平って、そういうことじゃないでしょう？」と思うらしい。

国民の年中行事になっているキリスト降誕劇が「文化的に偏っている」というのなら、偏らないように降誕劇をやったうえでイスラム教の劇やヒンズー教の劇もやったらどうか（そういうものがあるなら）。全部やる時間がないなら毎年交代でやってもいいし、クリスマス・キャロルだって偏っているというならアフリカやジャマイカの歌を混ぜて歌えば良い、なにも全部廃止しなくたって……と思うのは事情に疎い部外者のたわごとなのだろうか？

もっと例を挙げてみましょう。

今年七月のこと。グラスゴー近くのある町で、予算不足のため公立の室内スイミング・プールを閉じることになった。地元のプールを救え、とばかりに六十人ほどが座り込みを始め、もう閉鎖を決めてしまった当局と対立。ほかにも同じ地区内にスポーツ・センターはあるのだが、「segregated pools（分離水泳プール？）」のあるスポーツ・センターはほかにない、という理由で座り込みグループはどうしてもこのプールを存続させたがっている。

ニュースを聞いて、「segregated pools」とはいったい何かと思ったら、イスラム教徒専用のプールとユダヤ教徒専用のプールが分かれていることだという。つまり同町にはイスラム系コミュニティーとユダヤ系コミュニティーがあって、双方ともに自分たちで金を出して勝手にやるならともかく、政府に専用プールを運営してくれと頼んでいるのだ。

運営のための予算はどこから出るかというと、町の役所。ということはイギリス人の市民がユダヤ系とイスラム系の専用プールのために税金を払わされていることになる。政府はなぜ、ここはイギリスなんだからみんな仲良く一緒に泳ぎなさい、それが嫌なら泳ぐな——と言えないのだろう？　イスラエルとパレスチナが現地で殺しあっているからといって、イギリスに住んでいるユダヤ系とイスラム系の移民が同じ水泳プールで泳ぎたがらないのはわがままじゃないか——と思うのもまた、部外者のたわごとらしい。町の平和のためには、できる限り彼らの希望どおり分かれて暮らしていただかないといけない。

分かれて暮らす、というのはユダヤ系とイスラム系だけではないし、大人だけの話でもない。

子供の頃から分離は始まっているのです。民族が混じりあっているマルチ・レイシャル・スクールは珍しいし、あってもいつのまにか偏った内訳になってしまう。それは次のような理由からだ。

あるロンドン市内の公立学校では、イギリス人とパキスタン人の子供たちが仲良く机を並べていた。パキスタン人は最初はごく小数のマイノリティーだったけれど、新しい移民はみな同じ地区に入ってくるので、いつのまにか無視できないほどの人数になってきた。そこで学校は政府の指導に従って、マルチ・カルチャラル・エデュケーション（多角的文化教育とでも訳そうか）を始めた。移民はそれぞれのルーツについて学び、アイデンティティーを獲得するべきだし、イギリス人の子供にとっても世界の文化を学ぶのは良いことだからだ。教室ではウルドゥー語やパキスタンの歴史などを教え始めた。一日のクラス数は変わらないから、ウルドゥー語を増やした分、ほかの何かを減らさなければならない。イギリスの歴史や地理の授業は減り、キリスト教の時間はすっかり姿を消した。

びっくりしたのはイギリス人の子供たちの親だ。子供が家に帰ってきて、今日は何を習ったかと聞いてみると、パキスタンの歴史、とくる。学校ではもう聖書も読まないのに、イスラム教のコーランを教えるらしい。怒ったイギリス人の親は、自分たちの子供を転校させる。一人減り、二人減り、残ったのは移民の子供ばかり。移民を地域に「融けこませる」どころか、まったくの孤立状態だ。マイノリティーのための処置がマジョリティーを追い出し、ついにはマイノリティーが学校を乗っ取って孤立した格好になった。政府はなぜ、民族固有の教育が必要なら、私立の学校や家庭でやるべきだと言えないのだろう？

以上、移民をめぐる問題に関してイギリスの国としてのポリシーは――ポリシーはいったいどこにあるのか⁇　そもそも移民は「問題」なのか⁇

ここで基本に戻って、移民に関する二つの原則を宣言しておきましょう。

（1）移民は文化を豊かにし、国際社会のハーモニーを推進する。だから移民の増加は歓迎すべきである。

（2）移民は文化を破壊し、国際社会に不和をもたらす。だから移民の増加は阻止すべきである。

この二つの相反する原則に乗っ取って、英国政府は実に明確なポリシーを打ち出している。それは、（A）移民はイギリス社会に融け込ませ、しかも、（B）それぞれのアイデンティティーを守らせる、という完全に相反する二つのポリシーだ。

（A）のポリシーに従うと、移民はイギリス各地に小人数ずつ分散させ、地域の中に融け込ませることになる。イラン出身の子供もオマーン出身の子供もイギリス人の子供のなかに放り込んで一緒に分け隔てなく育てよう、というわけだ。

（B）のポリシーに従うと、移民には独自の宗教を守らせ、民族としてのアイデンティティーを確立させることになる。当然、子供がそれぞれのルーツを失わないように、民族別の教育を施す。すでにキリスト教の公立小学校はあるのだから、イスラム教徒を対象としたイスラム系小学校も国の税金で運営する。

英国政府はこの二つの相反するポリシーを同時に守ろうとしているので、あっちに揺れこっちに揺れ、なんだかわけが分からなくなっている。ユダヤ教徒とイスラム教徒に言われるまま別々のスイミング・プールを与えてみたかと思うと、イスラム教の女生徒が男女別学を要求するのを拒んでみたり。社会に融け込ませるため、移民全員に英語の勉強を義務付ける方針を打ち出したかと思うと、すぐさま同じ政府内から「それは帝国主義的言語統制だ」と非難があがったり。公務員の何割かはマイノリティーを雇うべし、というお達しを出しておきながら、ある職場では勤務時間内に礼拝をするのを禁止してイスラム教徒を怒らせ、別の職場では奨励してイギリス人を怒らせたり。なにしろヨーロッパ大陸の国々やアメリカなどと比べて移民に慣れていないので、何をやってもうまくいかない。相反する二つのポリシーはどちらも正しいので、正しいことを一生懸命やろうとすればするほど混乱するのでしょう。

日本にはまだこんな問題は起きていないだろうが、移民慣れしていない日本は将来、きっとイギリス以上に混乱するはずだから、対岸の火事と思わずに、まあ読んでください。日本でもどこかの刑務所でイスラム教徒のためにモスクを設けたという話を聞きましたから、もう混乱は始まっているのかもしれませんね。

話を進める前に、イギリスの移民の種類を簡単に分類してみよう。

(1) 金を持って自らやって来て商売を始めた人々。またはイギリスの労働力不足を補うためにジャマイカなど旧植民地から募集されてやって来た人々（古くは織物工業や鉱山、鉄道関係、新しくは看護婦など)。

(2) 右記（1）の移民が呼び寄せた家族や二代目以降の子供。

(3) 新しい経済難民／亡命者（出身地はコソヴォ、アフガニスタン、イラク、イラン、中国本土、トルコなど)。

言うまでもなく、問題は（2）と（3）の人々だ。

たとえばイギリスにやって来たインドやパキスタン系の男たちは、ある程度生活が落ち着くと必ず本国から妻や家族を呼び寄せる。そして生まれた子供たちは成長し、それぞれがまた配偶者を呼び寄せる（家どうしがアレンジして嫁や夫を選び、本国から送ってくる見合い結婚がほとんど）。先陣でやってきた人々は英語を習い、自ら働いて生活費を稼ぎだしてきたわけだが、彼らの家族となると呼び寄せられて来たものの英語はしゃべれない、仕事もない、目的も目標もない、同じ国の出身者のコミュニティーから一歩も外に出ない、というわけで本当に困るのは次の世代の子供たちだ。

子供は学校へ行かなければならない。学校にはイギリス人の子供たちがいる。教師は政府から（1）移民の子もイギリス人として平等に扱い（2）民族のアイデンティティーを尊重しろ、と両立不可能なお達しを受けているのでどうしたらよいのかわからない。また一代目は国が必要として受け入れた労働力でも、二代目となると仕事が無い。織物工業はすたれ、鉱山は閉鎖されている。ただでさえ若年失業者の多いイギリスだから、移民の子となれば余計に仕事はないのだ。彼らは貧しく、教育も職も無く孤立している。そこへ（3）の新しい経済難民が押し寄せ、イギリス政府は人権尊重の立場から彼らを無料《ただ》で公営住宅に住まわせてしまう、となると移民どうしの間にも不公平感が生じる。

なぜイギリスはこんなに移民の扱い方が下手なのか。理由はお隣のフランスを見ればもう簡単に分かることだ。フランスの小学校では、フランス語やフランスの歴史を教えるのは文化的に片寄っていて不公平なので、かわりにアルジェリアの歴史やコンゴの音楽を教えるか――ノン。カトリックの伝統を押しつけるのは移民の子に不公平なので、聖書をやめてコーランを教材にするか——ノン。

フランスだけではない、ドイツしかり、スペインしかり、彼らは移民の生活とアイデンティティーを守り、子供のルーツを尊重し、かつ社会に融け込ませる、なんていう芸当が政府の手で達成できるとは最初から思ってもいないのだ。だから教育の機会は平等に与えるとしても、あとのことは自分たちでおやりなさいよ、ということになる。学校ではフランス語を話しますから、クルド語を勉強したかったら家に帰ってからおやりなさい、と。何家族も一緒に小さなアパートに住んでいるのは大変でしょう、だから抜け出したかったら一生懸命働いて自分の力でやりなさい、と。

一方、英国政府は移民全員にちゃんとした家を与え、民族教育を受けさせ、民族別スイミング・プールを与え、刑務所にもモスクを建て、という風に一生懸命やろうとするのだが、しょせん理想通りにすべてをかなえることは無理だから、手に負えなくなって結局誰も満足しない。

さて、ここからが結論です。

そもそも英国政府が実績もないのにイイコぶって理想の移民受け入れ国をめざすのが間違っているのではないか、と在英日本人ならすぐ気がつくのだけれど、なぜイギリス人はそれに気がつかないのだろうか。

ドーバー海峡を渡ってみると、向こう側＝フランス側にはイギリス渡航をねらう経済難民が群れをなしている。英仏を結ぶユーロ・トンネルの向こう側も同様で、赤十字が鉄条網に囲まれた難民キャンプに人を収容している。フランス当局は彼らをすぐ町の中の家に収容し、生活の面倒をみようなどとは夢にも思わない。そうできれば理想だけれど不可能だからだ。現実に受け入れたとして、いつまで食費やら生活費やらの面倒を見続けられるのか。子供はどこの学校に入れるのか、その費用はどうするのか。だからフランス政府は黙って彼らをイギリスに送り出す。

フランスでさえ後込みする大事業を、イギリスは引き受けようとしている。なぜか。ここで思い出すのは（そしてこれは日本政府と英国政府の決定的に違うところなのだが）、英国政府は自らを世界で一番の理想の政府とみなしている、という事実だ。

またか、と言わずに聞いてください。イギリス人の頭の中を割ってみると、たいていの人はこう思っている――イギリスは植民地時代から世界一の統治者だった、と。

「イギリスはポルトガルやスペインと違って早いうちに奴隷取り引きから手を洗ったし、もともとアメリカみたいに国内で恥ずべき奴隷制度を育てたりしなかった。世界各地の独立戦争にそれほど手を焼かなかったのも統治の仕方が良かったせいで、インドだってジャマイカだってたいした血も見ずにうまく独立させた。フランスやオランダやベルギーの植民地を見てみろ、アルジェリアを見ろ、南アフリカを見ろ、コンゴを見ろ、インドシナを見ろ、どこだって独立後も流血沙汰だ。イギリスの統治が良かったのは香港の繁栄を見たって分かるだろう！」

（えっ？　と反論したくなっても待ってください、まだまだ先は続きます。）

「だいたい、どうしてイギリスには今もアクティブな王室が残っているんだと思う？　それは我が王室の統治が良かったせいだ。ヨーロッパじゃあ王室は軒並み革命で首をはねられたじゃないか。フランスしかり、ロシアしかり。あいつらは王室の統治が下手くそで、人民の恨みを買ったのさ。ヨーロッパで今残っている王室は名前ばっかりだ。今だにちゃんと君臨して、そのうえ週刊誌も騒がせて観光客寄せにもなって国の経済に貢献しているのは我がイギリス王室だけ。国王の統治に人民が満足してれば革命なんか起きないのさ。」

　こう思っているイギリス人は（そして彼らの言い分にも多少の真実が含まれているのかもしれないが）、移民だってちゃんと理想通り処理できる、と自信を持っていたのだろう。理想を追求して人種の平等を高々と歌いあげるあまり、「公平」とか「平等」の観念がどんどんひとり歩きし、運動会の五十ヤード走までとばっちりを受けて廃止されてしまった。どうだ、うちらはここまで公平だぞ、というわけだ。

　ところが威張って門戸を解放してみると、押し寄せる波は予想外にきつかった。ヨーロッパ大陸各国がどこも過去に懲《こ》りて用心して門を狭めたため、波はどっとドーバー海峡を越えて押し寄せ、何の体制も敷いていなかったイギリスはおぼれる寸前。

まずダウンしたのがNHS（国民医療システム）だった。一九四〇年代に世界に先駆けて国民全員に無料で医療を提供する素晴らしい医療システムを作り上げたのに、半世紀後にはあっけなくダウン。貢献者より受益者の方が上回って資金不足、医者も看護婦も決定的な人手不足に陥ったのは、もともと「保険料も税金も払っていないイギリス人でも外国人でも移民でも医療は無料」という美しい理想のせいだった。それなのに、皮肉なことに人手不足を補うために今では海外で人員募集する→移民がさらに増える、という悪循環に陥っている。ロンドン市内の公立病院の看護婦の四分の一は外国人、英語圏のインドやオーストラリアはおろか、最近ではフィリピンや中国からまとめてリクルートしているのだ。

NHSについてはすでに第一章で書いたので、移民に戻ろう。この先外国人居住者が増え続けるであろう日本への教訓として、イギリスには反面教師になってもらうことができるだろうか？

いや、日本とイギリスは違う、イギリスにはドーバー海峡もあるしユーロ・トンネルもあるから移民が入って来られるけれど、日本は本当の島国だから大丈夫、反面教師なんかいらない——そう安心していたら大間違いです。距離は関係ない。なにしろはるかかなたの中国本土からだってイギリスにどんどん入ってくるのです。陸路でモスクワやプラハを経て東欧方面から入ってきて、このあいだはドーバーをフェリーで渡る冷凍トマト輸送車に隠れていた中国人が二十五人、凍死しているのが見つかりました。飛行機の車輪格納庫に隠れて密航し、着陸の用意で車輪が出されるのと一緒に転がり落ちて、ヒースロー空港に近いスーパーマーケットの駐車場に死体が降ってきたこともありました。ユーロ・トンネルの中を歩いてきてつかまったり、ドーバー海峡をゴムボードで漕いでいるところを拾いあげられたりというのは日本には関係ないといえばそれまでですが、なにしろそれほど彼らは絶望的に自分の国を離れ、どこかへ行きたがっているのです。その「どこか」に日本という国がたとえ値しなくても、「どこだってここよりはましなはずだ」と思い込んだ人々は、どんなことをしてでも密航するのです。

途中で死んでもこのまま自分の国にいるよりはましだ——そう思うようになるまで、彼らはどんな人生を送ってきたのだろうか？　途中で殺されてもここで大きくなるよりはましだ——そう思いつめて有り金をはたき、子供をたったひとり密航ギャングの手に委ねて送り出す。親をそんな心境にさせる国とはどういう国だろう？

考えてみれば、たとえ人権尊重のイイカッコしいでも、実態のない大英帝国のプライドでも、イギリスが彼らを追い返さずに受け入れようとするのはたいしたことだし、ありがたいことかもしれない。日本はそこまでやる度量はないだろうけれど、腐ってもれっきとした元経済大国だから、やっぱり移民は増えていくだろう。そしていったん入り込んでしまえば、移民というものは配偶者を見つけ、子供を生み、増えていくのですね。理想を追う国、と笑うのは簡単だけれど、最初から理想のない国にはどんな対策もたてられないのかもしれない。

たぶん本当に有効な対策はひとつだけ——移民は文化を豊かにする。そう信じて、マイナスがいくら多くても移民は社会にとって差し引きプラスだという気構えでいることでしょうか？

最後に、転ばぬ先の杖、と言いましょうか、今後の日本の移民対策の参考にするため、英政府が現在検討している「移民資格テスト」の話をしておきましょう。

きっかけは二〇〇一年九月に始まった対テロ戦争だった。以来、英国政府はテロ打倒のため国内のイスラム教徒に協力を求めているのだが、実質百五十万人を越えるイスラム系市民は英国政府への不信感を捨てていない。長年にわたってイスラエルのパレスチナ蹂躙を容認してきたアメリカと親友宣言をし、イラク爆撃にも協力した英国政府がいくら「イスラム教徒への偏見はありません」と言ってもすぐには信じられないのだ。

イスラム系移民は英国に来て初めて取得した「言論の自由」を享受し、テレビ討論会などにも出てはっきりと「英国政府は偽善者」と非難する。それに対し、政府の方針が気に入らないのなら出て行けばいいじゃないか、と怒るイギリス人もたくさんいる。彼らの怒りは英国国家への忠誠を誓わない人間に市民権を与えるのは危険だ、という議論にまで発展した。そこで注目されているのが、移民に甘い英国とは対象的なアメリカの厳しい態度。

移民がアメリカの市民権を得るためには、
（1）英語でコミュニケーションがとれること（英語が話せない場合には英語のレッスンを受けることが義務付けられている）。
（2）シティズンシップ（公民の権利と義務）の授業に参加すること。
（3）授業内容のテストを受けてパスすること。
（4）アメリカ合衆国への忠誠を誓うこと。

以上の四つの条件がある。最後の（4）は口頭で誓わなければならず、誓って初めて市民権を与えられるのだ。オーストラリアも同様、厳しい要求をしている。

それに対しイギリスではというと、
（1）英語能力の有無は問わない。
（2）シティズンシップというコンセプトそのものが曖昧。
（3）したがってテストもない。
（4）言論自由の国だから、移民はいくら反英でもかまわない。

という甘さだ。

移民の数もたかが知れていた頃にはそれで問題もなかったわけだが、対テロ戦争で状況は一変した。イギリスに住み、英国パスポートを与えられたイスラム系の若者が大ぴらに英国政府のアフガニスタン政策を非難している事実は、イギリス人を怒らせた。これからは移民にもっと厳しくして、アメリカ式に国への忠誠を誓わせなくてはいかん！　という声は政府内でも高まり、人権と言論の自由を掲げるリベラル派と真っ向から対立している。

さて、イギリスはともかくとして、日本はどうか？　筆者は英国政府が手本として検討しているアメリカの「誓いの文句」を読んでみて、あ、これはダメだ、日本政府が移民や永住者に、ということは在日韓国人や日本人と結婚したアジアの女性にまでこんな要求をしたら、たちまちアジア諸国からクレームをつけられる、と思ったのですが、いかがなものでしょう？　ご存知ない方もいるでしょうから、参考までにアメリカの誓いの文句を引用しておきましょう。

Oath of Allegiance（＝忠誠の誓い）は、I hereby declare……と始まって、こう続きます――

「……ここにすべての敵から合衆国の憲法と法を守り、誠実と忠誠を尽くすことを誓います……法によって求められた場合には合衆国のために武器を取り……法によって求められた場合には合衆国の軍隊で非戦闘活動に従事し……法によって求められた場合には民間の指導のもとに国のために働き……この義務をためらうことなく果たすことを誓います……」

最後は so help me God——神よ力を与えたまえ——でしめくくられる誓いは、平たく言えば「祖国アメリカ合衆国のためなら喜んで戦争に行きます」という誓いなのですね。戦闘活動も非戦闘活動もどっちもやります、軍隊でも民間でもお国のために尽くします、とすべての可能性をしっかり網羅している。「合衆国」を「日本」と入れ替えて読んでみてください。移民どころか、日本生まれの日本人だって、日本の国のためにこんな誓いをするのはイヤだ！　という人が多いのではないでしょうか？

続いてシティズンシップのテストの質問はというと、たとえば——

(1) 合衆国にとって七月四日は何の日か？

(2) 国旗・星条旗の横縞の意味は何か？

これは日本でいえば八月十五日は何の日か？　日の丸の意味は？　と質問するようなものではありませんか。

アメリカの七月四日は民主国家独立の日で疑いの余地はないけれど、日本の八月十五日は日本帝国が敗北した日と答えるか、自由と平和と民主主義勝利の日、アジア解放の日と答えるか、それともただの終戦記念日か敗戦記念日か。日の丸の意味となるともう正解はどこにもない。移民対策はここまでしないといけないのか――これは駄目だ、日本はまだまだ……。

［メモ］――**消える移民**　移民は陸続きで出入り自由な大陸の国々ならともかく、小さい島国でならコントロールできると思ったら飛んでもないらしい。

英国への移民・亡命申請者は、移民局の審査で許可が降りなければ国外退去の命令が出されるのだが、それが実際には執行されない。過去三年間の統計によると、約七万件の国外退去命令のうち実際に執行されたのは一万件以下。残りの六万件はどこへ消えてしまったのかというと、再出願して時間稼ぎをしているか、本当にどこかへ隠れて消えてしまったか、あるいは出身国が帰国を受け入れないのでうやむやに英国内に留まっているか。しかもこの「件数」には出願者の家族・子供は含まれていない。これに最初から正式な亡命出願をせずに違法滞在を続けている外国人を含めれば、実際の移民数は推定のしようもない。

第8章

救世羊ドリー

理想のDNA信仰

英国国教会(チャーチ・オブ・イングランド)の信者は減る一方。
宗教に代わって生命科学が国民の信仰を集め、
神よりも遺伝子が人間のすべてを支配するという
「遺伝子信仰」が幅をきかせている。
写真:礼拝参加者は老人が中心、
閑散とした日曜日の教会、ロンドン郊外

先日、ロンドン市内の本屋さんで日本語の本を漁っていたら、バイオテクノロジー関連の本が目についた。表紙に羊のイラストが描かれていて、カバーをめくると「クローン羊ドリー」とキャプションがついている。

スコットランド生まれのクローン羊は、日本でもすっかり有名になってしまったらしい。その後、人間の成人体細胞からのクローンも胚の段階までは成功しているから、クローンはこれからますます大きな話題になるだろう。イギリスのみならず日本でも、「クローン」が話題になる度に、クローン羊ドリーの写真やらイラストやらがテレビや新聞にパッと出てくるのだとしたら、ドリーは世界一有名な羊に違いない。そこで、この章のテーマは「ドリー」です。

一九九六年七月五日、世界初のクローン羊・ドリーの誕生。スコットランド、エディンバラ郊外にあるロスリン研究所の名は一躍有名になった。特許の確保と、ドリーが本物かつ正常なクローンであることを確認するために時間がかかり、実際には世界に向けて正式発表されたのは翌年の二月だったが、この時点でドリーの誕生を「人類始まって以来最大の出来事」と受けとめた人は日本にはどれくらいいただろうか？　イギリスではたちまち誰もがにわか専門家になり、賛否両論花盛りの大騒ぎ。ドリーを生んだ研究所の上空を取材ヘリコプターが飛び回り、いつもは静かな村のパブもテレビ局のクルーや記者たちの溜まり場になって、しばらくは大繁盛したという。

あの年、イギリス中が騒いだのは、たまたまドリーがイギリスで生まれたから、つまり身びいきだろうか？　ドリーが日本で生まれていたらイギリス人はあれほど事件に注目しなかったか？　筆者はそうは思わない。なぜなら、現代のイギリス人にとってＤＮＡ信仰はキリスト教信仰に替わる国民の宗教だからです。ＤＮＡ信仰についてはあとで触れるとして、そもそもドリーがイギリスで生まれたのは偶然ではなく、それだけの下地があったからなのだ、というあたりから話を始めよう。

（その前に、記憶力の良い読者は、スコットランドはイギリスではないことを思い出されるかもしれない。しかしドリーはれっきとしたイギリスの羊です。その理屈は、旧植民地ジャマイカ出身の黒人陸上選手が、普段は差別されていても、オリンピックで金メダルを取った途端に国民のヒーローとして大歓迎されるのと同じだ。要するにイギリスでは都合が良ければスコットランドの羊もジャマイカ出身の黒人も立派なイギリスとみなされるわけです。）

さて、思い出してほしいのは、第二章でも触れたが、一九七六年に世界初の体外受精児がイギリスで生まれたこと。なぜイギリスが世界に先駆けて成功したのか。これはクローン羊ドリーの誕生と無関係ではないので、もう一度しつこく考えてみよう。

一九七六年の時点では、イギリスが胚研究の分野で世界をダントツでリードしていた、とは言えないらしい。どこの先進国でも高度な研究は進められていたのだ。が、理論的には可能であった体外受精児も、他の国では生まれなかった。なぜか。

世界で初名乗りをあげるためには、(1)科学者の技術がトップクラスである(2)技術を必要とする強いニーズがある(3)政府が実験を妨げない、の三つがそろっていなければならなかった。

(1)の技術はどこの国もどんぐりの背比べとして、(2)のニーズについては、まずどんな実験にも金がかかる現実を考えなくてはいけない。科学者が新しい実験をやるのに「やりたいから」という以上の動機は別に要らないが、金を出す側としてはそれだけでは出せない。国が出す場合には、「この実験は将来国民のために役立つ」という大義名分が必要だし、民間が出す場合には、「この実験は将来商売になる」という金儲けの見通しが必要だ。イギリスでは体外受精へのニーズの見通しがあったのだ。成功すれば国民が飛びつくだろうという予測もあった。

では、(3)の「政府が実験を妨げない」という条件はどうか。英国政府はもちろん最初から体外受精を奨励していたわけではないが、実験が成功しそうだからといってあわてて禁止したりはしなかった。以来、生殖医療を巡る種々の法律は常に後手に回り、技術の進歩にあとから焦ってついて行こうとしているのだが、もし本当に政府は禁止したければ、いつでも禁止することはできたのだ。それをせず、結局その後、体外受精のビジネスは急成長を遂げた。政府の認可と共に国民も比較的すんなりと新しい技術を受け入れた。

日本の事情と比べてみよう。日本人は新しいものにはすぐ飛びつくと自分たちは思っているかもしれないが、けっこう用心深いところがある。生殖医療に限らない、たとえば、経口避妊薬のピル。

一九五〇年代に実用化されるやいなやイギリスでは誰もが使うようになり、六〇〜七〇年代にはどんなフェミニズム運動より女性解放に貢献したと言われるピルも、日本では受け入れられなかった。理由は、よく世界中で信じられているように「日本が男性優位の社会だから」とは言い切れない。つい最近の日本のピル解禁のニュースはイギリスにも伝わり、「日本の女性の地位向上は西欧社会から四十年遅れている」と報道されたものだが、日本人に言わせれば早いか遅いかの単純な問題ではなかろう。そして心臓移植。

日本で国内初の心臓移植が行なわれたのち、何年も次の移植が実現しなかったのはなぜか。筆者は個人的には、日本で心臓移植がすぐさま軌道に乗らなかったのは良いことだと思う。移植で救われる命の尊さをいくら強調しても、脳死の問題は簡単には乗り越えられないからだ。生命を心身トータルなものとして考えたい人にとっては、移植というアイデアそのものに疑問があろう。しかしイギリスでは心臓移植に疑問をさしはさむ人はあまりいなかった。イギリス人のあいだに脳死の定義が広く受け入れられていたからではない。全然そうではなくて、単に移植を受ける患者の側のメリットだけに目が向いていたからだ。実際、今では心臓移植の是非を問う声は全く聞かれず、むしろ提供者が少ないことの方が問題で、全国民ドナー義務付けさえ検討されている。人の生命を救う新しい治療法としての心臓移植はそれほど説得力があったわけだ。

ためしにイギリス人が五、六人集まっているところで、「実はわたしは心臓移植に疑問を持っているのですよ」と言ってみよう。おりしもテレビで、「心肺同時移植をしないとうちの子は死んでしまう」と涙ながらに両親が訴えたところだとする。国中でぴったりした提供者が現われる（＝死ぬ）のを祈っているところに、外国人がそんなことを言ったらどうなるか。あなたは非科学的な遅れた人種とレッテルを貼られるのです。実際心臓移植をしても長く生きられるとは限らないのだが、人の命を救うために手術をすること自体に意義があるのだ。

（成功率の高い病院では、手術後一カ月の生存率は八〇％。しかしロンドン南部のある病院では、手術後十四人中十人が一カ月以内に死亡したというスキャンダルもある。心臓と同時に腎臓も移植しなければ意味がないケースでも、腎臓がみつからないまま決行しているからだという。すぐ死んでしまうのなら、何のためにやるのだろう？）。

もちろん、体外受精ともなると心臓移植と同じ経過でさっさと承認されたわけではない。不妊治療は人命を救う治療とは性質が違うのだ。国民はすんなりと受け入れた、と言ったけれど、当然疑問の声はあったし、教会関係の反対も強かった。

しかしイギリスの教会には政府を動かす力は無い。アメリカやヨーロッパ大陸の国々とは違い、イギリスでは宗教は票田にはならないのだ。例えばアメリカでは人口の四〇%が教会となんらかの関係を保っていると言われる。イギリスでは教会に通っているクリスチャンは人口のたった七・五%。ヨーロッパのなかでもいまだに教会税があるドイツやカトリック勢力の強い南欧諸国に比べると、教会離れが相当進んでいる。

だから教会は頑張って反対したけれど、全体としては体外受精によって恩恵を受ける人々の賛成の声の方がずっと大きかったから、政府は見切り発車をした。

「恩恵を受ける人」というのは、子供を欲しがる人たちだけではない。生殖医療の関連技術で利益をあげるビジネスも、どんどん次の実験をして先へ進んでいきたい科学者や医者も含んでのことだ。結局のところ、人間を幸せにする技術は、人間の生命を救う技術と同じくらい尊いのではないか——イギリス人はそう考えるようになり、かくて体外受精という不妊治療は、心臓移植と同じくらい説得力のある大義名分とみなされるようになった。

さて、クローンに話を戻すと、ご存知のように羊のクローンは将来人間のクローンを作るための前実験だったわけではない。初期の目的は次の二つだった。

（1）性能の良い家畜（生産性の高い乳牛など）を効率良く増やすこと。

（2）遺伝子組み換えにより人間に役立つ動物を生み出すこと。

具体的には、たとえば牛に人間の遺伝子を導入し、ある特定の物質を含んだ乳——ひいては人間に役立つ医薬品——を生産させる。そのような牛は通常の生殖方法で増やすことはできないが、受精卵クローンによって効率的に増やすことができる。あるいは、豚などの動物に人間の遺伝子を導入し、移植用の臓器を生産する。成功すればその場合も、豚はクローンで増やすことができる。

このような動物のクローンは人間の命を救うための技術だから、誰も正面切っては反対できない。商業目的も深くからんではいるが、すべてが人命尊重の大義名分のもとにひっくるめて提示されると、動物が可哀想だからといって反対を唱えることはできなくなってしまうのだ。

そこへもってきて、クローン羊ドリーの成功で、一挙に夢は広がった。動物で成功したのだから人間でも成功するはずだ。その時点まで羊や牛の胚だけに許されていたクローン実験を、人間の胚にも適用すべきだと、科学者は政府に迫った。人間の胚を使ったクローン実験を許可してほしい。そうすれば多くの難病に苦しむ人々の命が救われる。

科学者がそう言い出したら、もう一般のイギリス人が多数決で反対できるわけがない。イギリス人はなにしろ「人命を救う」というフレーズにとことん弱いのだ。「難病を直す可能性がある」という科学者の発言は、「ぐずぐずしているあいだに助かるべき人間もどんどん死んでしまう」と翻訳され、そうなると政府の諮問機関や議会が反対できるわけもない。彼らだってイギリス人なのだから。

夢は科学者の省略かつ誇大広告とも言える暗示によってどんどん膨らんだ。胚や受精卵の実験が許可されれば何だってできる。神経細胞をクローンして脊髄の破損箇所に組み込めば、下半身麻痺も治る！　脳細胞をクローンして脳のしかるべき所に注入すれば、アルツハイマーもパーキンソン病も治る！　ぴったりマッチした骨髄をクローンで作れば白血病も治る！　とにかくありとあらゆる難病がみな治る！　臓器移植もばっちり、本人の細胞を使ってクローンで腎臓や肝臓を作れば、拒絶反応だって簡単に解決だ！

科学者の誇大広告と言ったのは、理論上は可能でも実現するまでには相当かかるはずだから。そして省略と言ったのは、受精卵を使った実験がすぐに未受精卵を使った治療目的のクローニングに結びつくわけではないから。

省略と言えば、科学者はそろって人間のクローンはやらないと言っているが、治療のための体細胞クローニングの過程は、実はクローン人間を生み出す生殖クローニングの過程とまったく同じであることが明言されていない。治療のためには患者本人の体細胞から通常の受精を経ずにクローニングによって胚を作りだし、そこからES細胞いわゆる多能性細胞を取り出して必要な部品――脳細胞や肝細胞など――に分化させるのだが、胚そのものを実験に使わず代理母の子宮に植えつければ子供が生まれるのだから、本当はクローン人間と同じことなのですね。それを明言しないのは、一般の市民にはできれば気づかれたくないからだろうか?

さて、ここで最初に挙げたイギリス人のDNA信仰について説明しておこう。

イギリス人は教会に通わなくなった、と書いた。それ自体はどうということもない。日本人の大半は最初から教会へなんか行かないし、それで困ることもない。困るのは、神を信じることをやめたイギリス人は教会へ通わなくなった分、代わりにほかの信仰を求めていること。それがDNA信仰です。

イギリスの本屋さんへ行って、ポピュラー・サイエンスというコーナーを探してみよう。あるある、DNA、遺伝子、ヒューマン・ジェノーム(ヒトゲノム)、一般向けの本が山積みになっている。さすがDNA発見でノーベル賞を取ったワトソンとクリックを生み出した国だけある。そして現代のDNA教祖様、リチャード・ドーキンス。

「人間の身体はDNAの乗り物である」とか、「主人は遺伝子、そのサバイバルのために人間の身体は貢献している」とか、彼のキャッチーな教義は日本でもよく知られていよう。創造主としての神様と聖書の物語を信じなくなった人々は、新しいＤＮＡ信仰に飛びついたのですね。神様はもう人間を幸せにしてはくれない。けれど遺伝子を研究すれば人間の命の謎は解き明かされ、どんな難病も治ってしまうのだから、遺伝子こそが新しい神様なわけです。

この教義に出会った日本人はたいてい、おもしろい見方だなあと感心する——けれど、本気で信じるところまではいかない。ゲノム解析にしても、病気の治療など将来の実用性には期待するけれど、これが生命の謎をすべて解き明かすパンドラの箱だあ！　と舞い上がるほどではない。現代の日本には、世界中でいわゆる科学盲信の歯止めになってきた神様が住んでいないかわり、なんとなくの精神論はあるのでしょう。ところが現代のイギリス人の多くには、そのどちらもない。それがイギリス人のあいだにＤＮＡ信仰が広がった理由ではなかろうか？

話を戻そう。人間の受精卵／胚を実験に使うことの是非については、最初から疑問がたくさんあった。最大の疑問は、

（1）受精卵／胚は生きた生命、すなわち「人間」である。人間を実験に使うことは許されるか？

（2）受精卵／胚を使った「治療のため」のクローン実験が、実際のクローン人間を生み出

すために利用されるのをどうやって止めるのか。

この二つの重大問題のために、ヒトの受精卵/胚クローン実験に正式な許可を与えることは、どこの国の政府もためらったわけだ。ところが英国政府は、二〇〇〇年十二月には早くも規制の改正案を可決し、さっさと下院も上院も通過させてゴー・サインを出してしまった。ヨーロッパ大陸では全面禁止、アメリカでさえ、民間の実験は規制できないが国の予算を使っての実験は禁止していたその時期に、である(EUはその後討議を重ね、イギリスから約一年遅れで二〇〇一年十一月にようやく実験を許可した)。英政府の早業の根拠はどこにあるのか?

英政府は(1)の胚の生命論については、受精後十四日までの卵は生命と認めない、と言い切った。なぜ十四日なのかというと、その段階では神経の発達は見られず、実験に使っても痛みも感じないただの細胞群、言って見ればカエルの卵のようなものである、という理由だ。実際には胚は受精したあと分裂を続け、毎日「人間」に向かって成長を続けているのだから、この日までは無生命、次の日から先は生命、と法律で決めたりはできないと思うのだが、英政府はいとも簡単にそれをやってみせたわけだ。

政府決定に対して反対の旗印を真っ先にあげたのは教会だったが、英国国教会の内部でも意見は割れた。人間による生命操作を批判する「生命は神の専売特許」論。それに対する、難病を治療するために人間が与えられた機会を活用することは神の意志に反してはいないという「神の御心にかなう科学」論。後者が最後には逆転勝ちし、続いてスコットランド教会も実験容認を表明した。(日本の仏教関係者はどんな見解を出しているのでしょうか?)

一方(2)のクローン人間については、政府が駄目と言ったら駄目! と怒鳴って解決したことになっている。治療目的のクローンは推進します、どんどんやってください、だけどそこから先、クローンで作られた胚を成長させて人間にしてしまうことはいけませんよ、と命令さえすれば科学者は言うことを聞くと思っているのか。そもそも、「クローニングで作られた胚」とまどろっこしい言い方で呼ばれている代物は、先に説明したとおり、「クローン人間」そのものと同じではないか。胚はどこから人間になるのか? 子宮の中に戻されなければ途中で死ぬので(今のところは)、だから人間とはみなさなくてよいわけか? しかし受精(またはクローン)後十四日以内と九カ月で呼び方が違うのでは、どこかの国の魚のようではないか??

英政府はもう忘れてしまったらしいが、体外受精の時も初めの目的は「不妊に悩む夫婦のための治療」で、それ以外の目的に使うことは「悪用」とみなされていたのだ。が、そんな歯止めはすぐに吹き飛んでしまった。日本ではつい最近まで体外受精の治療対象は結婚している夫婦に限られていたが、そんな国はむしろ珍しい。本家イギリスではとっくの昔から、シングル・マザーどころかレズビアンでも治療を受けられるようになっている。なにしろこの国では、不幸な人間を幸せにするためならどんな医療技術も正当化され、正しい治療としての市民権を獲得するのだから。

となると、クローン技術で作りだした胚（つまりクローン）を実験に使うのは良いけれど、同じそのクローンを途中で殺さずに本物のクローン人間にまで成長させるのはいけない、というややこしい政府のお達しも、「人間を幸せにする治療」という大義名分のもとにはいずれ破られるようになるだろう。現に、たとえば遺伝性難病の子供を救うため、骨髄移植のドナーとしてふさわしい弟か妹を産む目的で体外受精をし、たくさんの受精卵の中から遺伝病の因子を受け継いでいない、しかもぴったりマッチした移植にふさわしい卵を選び出し、母親の子宮に戻して出産するという治療は行なわれている。ドナーを産むための受精卵操作が許されているのだから、そこからドナー提供や不妊治療目的のクローンへ飛ぶのはそれほど大きなジャンプではない。

以上の展開は誰にだって予想がつくことだ。それにもかかわらず、イギリス国民はこう考えている。我が政府が世界に先駆けて「治療のためのクローン実験」を認可したのは良いことだった、将来たくさんの人々の命が救われる。また、「生殖クローン」を禁止したのももっともだ。そんな危険な実験は許されるべきではない――そう重々しくうなずいて事が済んだと思っている。世界中がそれでは済まないだろうと思っていた時に、である。繰り返すが、前者の

「良いこと」と後者の「危険な実験」は、呼び方が違うだけで同じ実験なのだ。

このへんでそろそろ、本書の本来のテーマを持ち出して結論をまとめようと思うのだが、今度ばかりはそうストレートにはいかない。もちろん、今までと同じ結論でも、一応、話の順序としては間違っていない。あくまで完璧な幸せ追求の権利を信じる国民は、そのための手段としてクローニングも容認してしまう↓しかもクローニングが行き過ぎて本物のクローン人間ができてしまうところまでは行かないように、政府に規制を設けさせる↓法律さえできれば科学者はそれを守り、一線を越えずにみんな幸せ、メデタシ、メデタシ、という理想を信じているのだ↓ああ、おめでたいなあ、イギリス人って！

実際、この線で話をくくろうとすると、どんどん書けてしまう。たとえば――イギリスは世界に先駆けて、人間の治療目的のクローン実験を合法化した。それなのに、いざ本当に人間のクローンを作ろうとするマッド・サイエンティスト（気違い科学者、もちろんそれは外国人だ！）が現われると、「モラルに反する！」と一斉に非難するのだ。が、先鞭をつけたイギリス人自身のナイーブさこそ非難されるべきではないだろうか――とか。

また、アメリカを引き合いに出しても良い――アメリカが国の予算を使っての実験に足踏みしているのは、中部キリスト教地帯の反対意見が強いからだけではない。アメリカ人は基本的に人間のモラルを守る能力を信じていないのだ。クローンなど、いったん許可すれば、なし崩しに法で定めた一線を越えてモラルの向こう側へ滑り落ちて行くに違いないと彼らは思っている。そこにはイギリス人のおめでたさはない――とか。

人間のモラルを信じる能力は、「私が守ればあなたも守る、そうすれば彼らだって守るだろう」というおめでたい三段論法から来ている。私が守ってもあなたや彼らは無視するかもしれない、と頭ではわかっていても、それは悪いことだから、最初から悪いことを前提として物事を決めてはいけないのである。建て前を本気にする、やっぱり理想の国イギリスだ！　と、片づけてしまっても間違いではないだろう。

しかし最初に断った通り、さすがに元大英帝国、いつもワンパターンでは片付かない。その昔七つの海を制覇したグレート・ブリテンが本当にそれほどおめでたいはずはないのです。

クローン実験許可の切り札は「人命尊重」だと言った。が、それだけなら、いくらなんでも受精卵／胚の生命論をさっさと切り捨てることができるわけがない。人命尊重を言うなら胚の生命尊重も当然言うべきで、受精後十四日までは生命とはみなさない、などという、どう考えても都合の良い基準が国会を問題なく素通りするはずがない。

ではどうして素通りしたのか。理由は二つある。ビジネスとプライド、これは重要さでは順不同だと思ってください。

バイオテクノロジー産業がこれからのビジネスをリードしてゆくという予想は現実になった。

ひと昔前まではバイオテクノロジーと言えば研究者が研究室で何やらゴソゴソやっているくらいにしか思われていなかったのに、今や世界中で遺伝子組み換え食品が売り出され、遺伝子治療も行なわれている。バイオテクノロジーをうまく金儲けに結び付けられるかどうかは、これからますます一国の経済に大きな影響を及ぼすようになると言われている。

そこでイギリスですが、現在この国の経済を預かっているのはトニー・ブレア首相の率いる新労働党。従来の労働党とは似て非なるものなので「ニュー・レイバー」と呼ばれているこの政党はビジネス大好き、労働者の味方ならぬ「資本主義者大好き党」なのです。

トップが労働組合出身で労働者のストライキを先導していたのは昔話、今の新労働党トップはみな大学出のミドル・クラスで、票田も都市部のミドル・クラスがターゲット。国の経済はもちろん民間主導方針で、たとえば保守党に替わってロンドン市内の地下鉄民営化を精力的に進めているといった奇妙な逆転があちこちで見られる。

なにしろイギリス経済はこの数年好調でポンド貨も強く、失業率も下がり続けているので新労働党は鼻息も荒く、口を開けば「レッツ・ビジネス!」。しかも先にも言ったように同政党は最先端医療とか最先端技術という言葉にめっぽう弱く、バイオテクノロジーとビジネスの組み合わせ、とくればもう舞い上がってしまう。挙げ句の果て、トニー・ブレア首相は「わが国は世界一の科学国としてテクノロジーの推進を奨励するべきだ」と発言するに至った。

ところがこの新労働党でさえも手を焼いているのがＧＭフード、すなわち遺伝子組み換え食品。バイオテクノロジーの先頭を切って儲けている分野なのに、なぜか英国民は疑り深く、いくら政府が奨励しても買ってくれない。それればかりか、政府が率先して行なっている遺伝子組み換え作物の栽培実験さえボイコットされる始末だ。アメリカでも日本でも国民の知らないうちに広く使われている大豆やトウモロコシも嫌われて、大手スーパーでさえ大っぴらには導入できない。焦った英政府は、遺伝子組み換え作物は安全であるばかりか、可哀想な第三世界の人々を飢えから救う夢の食品だ、と、ＧＭフード大手モンサント社の広告代理店かと見まがうようなキャンペーンを繰り広げたが、それでも英国民は珍しく洗脳されない。

こうなると、政府は他の分野でバイオテクノロジーの狼煙を上げないことにはどうしようもない。どっちみち、遺伝子組み換え作物はモンサント社だのヘキスト社だののお得意なのだから、イギリスはあきらめて他を当たった方が良い。そうするとやっぱり医療分野か？

困っている時に出てきたのがクローン羊ドリーで、これは間違いなく世界一だ。そういえば遺伝子のノックアウト・マウスやら、移植をしても拒絶反応を起こさない豚やらを最初に作ったのもイギリスの大学じゃなかったか、そうだ、遺伝子操作による最先端医療、これでイギリスは世界一をめざせばいいじゃないか、これなら国民もハッピーだ！

かくして新労働党政府は、「イギリスは世界に先駆け、バイオテクノロジーによる医療技術および医薬品の開発に全力をあげる」と宣言するに至ったのです。

さて、ビジネスとプライドは順不同だと言った。というより、今のイギリスではビジネスとプライドはなぜか一心同体になっている。バイオテクノロジーが大きな産業になりつつあることは確かだが、この分野の実験が本当にビジネスに結びつくには時間がかかる。それより今すぐ待ったなしに欲しいもの、それは「世界一」の座です。「世界で一番」をキープすること、それは金ではなくプライドの問題なのだ。

イギリス人は「世界一」が昔から大好きだった。今でも彼らの頭の中では、(どうにもならないお天気を除けば)イギリスが世界一の国であることは間違いがない。だから世界中の国からイギリスめざして移民が押し寄せてくる。それが何よりの証拠で、いくらお天気が良くたって、イタリアやギリシャみたいな二流国にソマリアやパキスタンの移民が押しかけたっていう話は聞かないじゃないか——とイギリス人は思っているのです。

しかし現実には大英帝国の崩壊以来、イギリスは世界一と誇れるものを何も持たない国に成り下がってしまった。あろうことか、最後の頼みの綱、クリケットでさえオーストラリアはおろかジンバブエやジャマイカのような小国にさえ負けてしまう。この事実に、イギリス人はいたく心を傷つけられているのだ。屈辱感は言葉の端々にうかがわれる。

たとえば二〇〇一年の春、イギリスの畜産業は口蹄疫の蔓延で大打撃を受けたのだが、輸出の不振に喘いだ農家は「我が国の牛や羊は世界一の水準なのに輸出ができないのはEU（欧州連合）の馬鹿げた政策のせいだ」と口をそろえる。スーパーマーケットは安い輸入野菜であふれかえっているが、それも同じく「我が国の果物や野菜は世界一おいしいのに、EU政策のせいで国民は品質の悪い輸入物を買わされている」。自動車工業も、「我が国の労働者の水準は世界一なのに、EU政策のせいで安い賃金で済む二流の国に工場を取られている」。とにかく彼らに言わせれば、何でも本当はイギリスが世界一なのに、うまく行かないのはEUとユーロのせいなのだ。

我が国は本当は世界一！ と大きな声で言いたがるのはもしかしたら自信の無さの裏返しだろうか？ 生命倫理の議論を切り捨てて、科学世界一の座をめざそうとするのも？ イギリスは良いところもたくさんある国なのに、なんでそんなに「世界一」が大事なのだろう？

ともかく、世界一をめざしてブレア首相の叱咤激励発言は続く。二〇〇一年十一月、新しい科学予算の発表に際して、ブレア首相は国民の「科学嫌い」を批判した。彼に言わせると治療目的のクローン実験や遺伝子組み替え作物に反対するのは科学嫌いのなせるわざなのだ。

特に遺伝子組み替え作物の実験農場に乗りこんだ抗議グループについては「政府は反対グループのブラックメール（脅迫）の手には屈しない、屈すれば英国の世界一の科学の成果は今までのように海外へ流出していくことになるだろう」と強気の構え。さらに胚クローンの利用について宗教的および倫理的立場から反対している人々には「倫理的に容認し得る結論はひとつしかないとは限らない」とお説教。きわめつけは「我々は科学嫌いになってはいけない。何が、、、、自然で何が正しいかという思いこみによって、科学者の真理追求を妨げてはならない」というお言葉。

「何が正しいか」で科学者の真理追求に歯止めをかけてはいけないのなら、遺伝子改造の人体実験だって新型の原爆実験だってどんどんやってよいことになるじゃありませんか、嗚呼……。

最後に、DNA信仰の背景である、キリスト教信仰衰退の現状を説明しておこう。

まず、宗教抜きで物事の善悪は判断できるか？　こう聞かれたら、日本人はふつう、「もちろん！」と答えるだろう。宗教抜きにモラル（道徳）は存在するか？　もちろん！　宗教を信じなくても善い人間になれるか？　もちろん！

ところが困ったことに、キリスト教国家では、この三つの質問の答はすべてノーなのです。だから、国民の教会離れ＝国民の道徳の崩壊、と短絡的につながってしまう。これはいくら反論しても無駄です、彼らはそう思いこんでいるのですから。

イギリスの国教はもちろんキリスト教、宗派はアングリカンで、チャーチ・オブ・イングランド（英国国教会）が国の教会。ところが、実際に国民の何％がキリスト教を本気で信じているかを調べようとするといろんな数字が挙がってきて混乱する。

まず文化的クリスチャン、これは聞かれれば一応クリスチャンと答える人で、国民全体の六十％弱（六十五歳以上では八十五％）。この数字は実際の信仰心とはほとんど関係がない。というのは、習慣的に人間は誰でもなんらかの宗教に属しているはずだという思いこみがあるので、国勢調査などで聞かれると国民は必ずどれかに丸をつけなければならないと思ってしまうのだ。それで、イスラム教徒・ヒンズー教徒などの移民以外、白人イギリス人の文化的背景はキリスト教だから、キリスト教に丸をつけることになる（筆者の夫の家族はみな、この口です）。

次にもう少し細かい教会ごとに出している数字をみると、カトリック、英国国教会、その他の宗派合計で人口の十二％だ。ところがこれも、たとえば日本人が「うちの代々のお墓のあるお寺さんは日連宗でして」などと言うのと同じで、家族の代々属する宗派が国教会だからといって、そう答えた本人が本当に信じているとは限らない。名目上クリステャンだ。

そうすると、もっと当てになる数字はいわゆる「church goer」と呼ばれる毎週日曜日に教会へ通っている人。正確な意味での実践クリスチャンだが、これはカトリック、英国国教会、その他の宗派合計で人口の七・五％とされている。

ということは、実践クリスチャンは全人口の十％にも満たないのに、国の大事な決め事——アフガニスタン爆撃とか、受精卵／胚クローン実験とか、安楽死とか——は相変わらずキリスト教の道徳観を基準として決定されるという不思議なずれが生じているのです。

名前だけで実態はないとはいえ、文化的キリスト教国家の例にもれず、イギリスでもモラル／道徳とはキリスト教のことで、キリスト教がなければ善悪の判断、やってよいことと悪いことの判断の基準は存在しないと思われている。日本のように道徳だけが特定の宗教から独立して存在する国の国民には理解しがたいことだが、国民の教会離れが進んでいるにもかかわらず、政治上の決定にまでしょっちゅう「キリスト教の視点から見て正しい」という理由づけがなされているのはそういうわけらしい。

そんな国民だから、キリスト教を離れるともうどうしたらよいかわからない。なにしろ物事の善悪の判断さえつかないのですから。そうすると、新しい判断の価値基準としてDNAがまつりあげられたのもよく理解できる。創造主は神ではない、人間を形作っているのはDNAだ。人間の運命も神ではなくDNAによって決定される。だから従来の考え方の「神」というコンセプトは、すべて「DNA」を置き換えられる――DNA（神）に照らして正しい行為。DNA（神）がこう言っている。そんなことをしたらDNA（神）の報いを受ける。しょせん人間はDNA（神）によって創られ、DNA（神）のおかげで生きていられるのだから……。

これは喪失する唯一神を持たなかった日本人にでも理解しやすい宗教ですから、もうすでに世の中に広まっているのかもしれませんね、どうでしょう。

第9章

子供は外、犬は内

理想の人犬関係《にんけんかんけい》

英語のことわざ通り、人間の親友は犬。
犬は人間と一緒に家の中で寝起きし、
どこにも出入り自由、時には人間より大事にされる。
写真:ロンドン郊外ではどこの散歩道でも、
犬を連れた人の方が、犬を連れていない人より多い。

人犬・人犬犬・人犬・人犬犬犬・人犬犬・人人……。

競馬で有名なエプソンの牧場地帯から車で約十分、我が家の近くのコモン（野原や林などの緑地）をジョギング中にすれちがう生き物を記録してみると、上記のようになる。

「人犬」というのは人間一人につき犬一匹。「人犬犬犬」は飼い主一人につき犬三匹だ。最後の「人人」はジョギングをしている筆者と夫。つまり、コモンを走ったり歩いたりしている人々の中で、犬を連れていないのはうちだけなのだ。

ついでにコモンに面している通りの家々に住むペットを数えてみると、犬・犬犬・猫・犬犬犬・犬・子供・犬犬・犬子供・犬犬……という風になる。

犬を飼いたいばかりにコモンの近くに住んでいる人はたくさんいるから、まあこのあたりの家々は例外で、イギリス中が犬であふれているわけではない。それでもコモンの人口と犬口を比べたら、犬口の方が多いのは間違いない。やっぱりイギリス人は猫より犬なのだな。

この本の前書きでも触れましたが、落ちぶれたとはいえ元大英帝国、イギリス人たるもの持ち家に住み、犬を飼わねば人間とはみなされません。だから、コモンを犬も連れずに（！）用事もなく一人で散歩をしていれば、うさんくさそうな目で見られても仕方がない。だいたいにおいて行儀の良いイギリスの犬が飼い主の命令を無視して吠えかかるのは、筆者のように犬を連れていない人間に向かってです。人間が一人で歩いている、怪しいやつめ！

さて、英語で「man's best friend（親友）」と言えば犬のこと。そしてこの場合の「man」はもちろん「人間」ではなく、「男」の方の「man」だ。「人間の親友」ではなく、「男の親友」。なぜなら、男と犬の人犬《にんけん》関係は、女にはどうせ分からんのだ（と男は言う）。

BBCテレビの長寿番組「One Man and His Dog」（男一匹、犬一匹、とでも訳そうか）は羊飼いと牧羊犬のコンテストだが、この番組タイトルの「Man（男）」に文句をつける人もいる。羊飼いには女性もたくさんいるし、羊の群れをコントロールする仕事に欠かせない牧羊犬のトレーナーには女性も多いからだ。

しかし、「One Man or Woman and His or Her Dog（男か女と彼または彼女の犬）」では番組名としてはいかにも長過ぎるし、上流階級用語を使った「One and One's Dog（人とその犬）」ではまるで王室推薦番組だ。だから番組名は今日に至るまで「男」のままになっていて、要するになんとしても「イギリス人の理想の人犬関係」の第一の基本は、飼い主が男でなくてはならないのだ。なぜかというと、男とは孤独で家族の女どもには理解されない存在であり、犬しか友達がいないからだ。（これは筆者の見解ではないので怒らないでください。説明は後で、また、女性と犬についても後で述べます。）

第二に、理想の犬とは人間以上の人間である。従って、「人間をめざしている」状態、つまりまだフルの人間に到達していない子供よりも、犬は高等な人間なのだ。だから、たとえばお子様お断りの大人向けスポーツクラブに堂々と犬を連れてくる人を筆者は何人か知っている。イギリスでは犬の方が子供より行儀が良いのが普通だから、まわりも文句は言わない。更衣室の中にまで犬がついてくるのには閉口するが。（あ、汚い、と思ってしまうのは、筆者が日本人である証拠だ。）

ここで「子供以上に人間な犬」について取っておきの話をしよう。我がご近所のある男性（この人は「人犬犬犬子供」のカテゴリー）は、雨あがりでぐちゃぐちゃのコモンの散歩から帰って来ると、非常に興味深い行動をとる。

まず、家の中から響いてくる奥さんの「あなた、汚い長靴であがらないでよ」といういつもの声に、「分かってるよ」と応え、五歳になる息子を庭の水道口へと追いやる。泥んこの長靴をそこで洗わせるのだ。そうしておいて、彼はやおら犬三匹（姉妹だそうだ）をフロント・ドアの中に導き入れる。

三姉妹の足は彼の息子の長靴同様に泥んこで、そのうえ散歩の途中で小川に飛び込んだらしく、長い毛がぐっしょり濡れている。風邪をひくといけないので三姉妹をとりあえず家の中に入れておいて（五歳の息子はまだ外だ）、それから順番に一匹ずつ抱き上げ、キッチンに向かう。言い忘れたが、彼の好みはイギリス人の男には珍しく小型犬で、三姉妹はペキニーズである。

さあ、犬を抱いた男はキッチンで何をするかって？　なんと、可愛い犬を流しに上げて、洗ってやるのです！　念のため、流しというのは、野菜だとか食器だとかを洗う、あの台所の流しです。

それだけではない。彼のような男は、愛車のジープで外出する際、うるさい妻子は運転の邪魔にならないよう後部の座席にベルトで縛りつけておいて、唯一の友達である犬は自分の隣の助手席に勝手に飛び上がらせる。運転している間中ずっと、犬は助手席でモゾモゾ動いているわけだ。赤信号で停止し、待っている間にふと右隣の車を見ると助手席に犬がちょこんと座っている――こんな光景は一瞬微笑みを誘うかもしれないが、やはり筆者は日本人なので、あ、危ない、と思ってしまう。もっとも助手席の犬が暴れて事故が起きたという話はイギリスではついぞ聞かないから、まあ安全なのだろう。シートベルトをかける犬はいないが。

日本は今、空前のペットブームだとか。家の中で犬を飼う習慣はかつてなかったのに、最近では犬もOKのマンションが増えたとも聞く。中には、日本人は犬の飼い方もしつけ方も知らん、もともと動物愛護の精神が確立していないのだ、ここはイギリス人に犬と人間の関係を学ばなくてはいかん！　などと勝手に自己批判する人もいるらしい。しかし、イギリスの理想の人犬関係の実態を知ったら、日本人などとても追いつけない、いや、追いついてはいけないということが分かるはずである。

さて、話は戻るが、なぜイギリス男と犬なのか。

そもそも、よく知られていることだが、ミドル・クラスのイギリス人の男は本当に友達が少ない。友達が一人もいない、と認める男もたくさんいる。筆者も別にイギリスに住んでいるからではなく、自分の国に住んでいた頃から自慢できるほど友人というものの少ない人間であるが、イギリス人の男には負ける。多少の誇張はあるにしても、「僕には友人がただの一人もいない」と公言してはばからない男が世界中にどれくらいいるだろうか？ そして彼らのうちの何割かは「理想の友人になれるのは犬だけだ」と言ってすましているのだ。

イートン校だのラグビー校だのの同窓生が互いに便宜をはかりあうことで有名な国にしては、学校時代の同級生と友達付き合いのある男は少ない。ビジネスの役に立つネットワーキングには熱心だけれど、それ以上の私的な付き合いには積極的ではない。職場の付き合いはいくら仲が良くても、ほとんど絶対と言ってよいほどオフィスの外には延長しない。またフットボール観戦で男同士が群れるのは昔はワーキング・クラスと決まっていて、最近ではミドル・クラスのファンが増えて社会学の研究対象になっているけれど、それもいったん試合が終わればもうお友達でも何でもない。

もちろん例外はあるから、「そんなことはない、うちの夫はミドル・クラスのイギリス男だけれど、友達はいっぱいいます」と反論するイギリス人の奥さんもいるだろう。しかし実際、日本人に限らず在英のフォーリン・ワイフ（外国人妻）が二人寄ると、ねえ、本当にイギリス人の男って、友達がいないのねえ、という話になるのです。

「話には聞いていたけれど、イギリスの男って、我が家が城、俺は城主、っていうのは本当なのね。週末だっていうのに、お城の中のＤＩＹや庭の芝刈ばっかりやってるんだもの……」

本当かなと思ったら、ロンドンのそのへんの通りでスイス人の奥さんでもアメリカ人の奥さんでも日本人の奥さんでもつかまえて聞いてみてください。もちろん、町を歩いて観察してみると、男同士仲良さそうに集まってワイワイやっていたりパブにたむろしていたりはするけれど、心の中では彼らはお互いに友達だとは思っていなかったりする。「親しい知り合い」というやつです。なぜそういうことになるのか、というと、これもフォーリン・ワイフ連合の研究報告によれば、まさに「理想の人犬関係」のせいなのです。

少し考えれば分かることだけれど、自分の思い通りにならない他人と付き合うより、犬をしつけて付き合う方が簡単に決まっている。犬を理想の親友に仕立ててしまったら、それ以上忠実で愛情深く、人の性格や行動の批判もせず、しかも忙しがらないでいつでも付き合ってくれる人間の親友がいるわけがない。

当然のことながら、こんな単純な真理を思いつくのはイギリス人の男だけではない。日本人の男だってそのくらいは考えるだろうが、いかんせん、日本では犬を飼う環境が整っていない。なにしろイギリスは犬を飼うには最高の国なのだ。

イギリスも小さい島国とはいえ、日本と違って国中が平らだからスペースがある（山のあるウェールズとスコットランドはイギリスではないことをお忘れなく）。特にロンドンから南東部にかけては、地元民はローリング・ヒルズ（連なる丘！）と大仰に呼んでいるが、日本人の目から見ればもう真平《まったいら》で、有名なボックス・ヒルでさえたったの海抜百八十メートル。平らな緑地がどこにでもあるから、犬を駆け回らせるにはもってこいなのだ。

さらに、これが犬天国と日本の一番のギャップだが、イギリスではご存知のように家の中で靴を脱ぐ習慣がないから、犬も人間も出入り自由。犬はベッドルームにだってキッチンにだって出入りする。プードルだってブルドッグだってシェパードだってゴールデン・レトリーバーだって、みんなウェルカムだ。当然、犬小屋なんて不必要なものはなくて、犬も人も一緒に家の中で寝る。イギリスの夫婦は統計によると三組に一組が離婚するけれど、人と犬は連れ添ったら一生添いとげる。動物愛護どころではない、やはりたかだか五、六年のペットブームでは太刀打ちできない犬の愛し方だ。（太刀打ちできないで、良かった……。）

次に、女性と犬について。

真昼間、コモンに出てみると、かなりの数の年輩の女性が犬を連れて散歩をしている。冬になると防寒帽子にスキージャケット、二重手袋に長靴の完全武装だ。実際、犬連れ散歩の大半は六十歳以上の女性であると言ってもよい。犬の親友は男のはずなのに、なぜか。

答えは簡単。男は家族がいても犬しか理想の友達がいないので、若い頃から犬を飼う。仕事があるから犬連れ散歩ができるのは夜明け前か夜だ。一方、女は若い頃には友達がたくさんいるから犬は必要ない。年を取っても友達はやはりいるのだけれど、子供が巣立ち、夫に死なれて未亡人になるとそのあたりから犬を飼いだす。そうなると、平均寿命の差のせいで女性の未亡人の方が男やもめよりずっと多いので、何もすることのない真昼間、イギリス全土津々浦々のコモンというコモンは、犬連れ年輩女性であふれているのです。

以上、納得がいかれたら、人より犬が大事の「理想の人犬関係」の証拠固めのため、クリスマス直前のスーパーマーケットに行ってみてください。レジで並んでいる人々の買い物をのぞき見すると、三カ月分の食料が買い溜めできそうな大型トロリーの中身の半分は人間用、半分はドッグフード。店の閉まるクリスマスに備えて買い溜めした人間の食料はクリーム・バター・砂糖・チョコレートでいっぱいの超不健康群。対するドッグフードは、カロリー計算、ミネラル・バランス、ヴィタミン・カルシウム添加、無農薬、無着色、低脂肪、の超健康食品でいっぱいなのです。

しかし理想の人犬関係には困った問題がある。たいていのイギリス人は、犬をまっとうに犬扱いする異文化が理解できないのだ。たとえば、サッカーのワールドカップのおかげで「犬食う国」の悪名を高めてしまった韓国の食文化に対するイギリス人の嫌悪感は、他のヨーロッパ諸国の動物愛護キャンペーンとは一味違う。イルカを殺すフランス漁民や、クジラを食べる日本人に対する軽蔑感とも違う。なにしろ韓国の人々は、イギリス人にとっては人間よりも人間な犬を食べてしまうのだから、理解も寛容も許容もありえないのだ。

最後に犬好きの方々のためにつけ加えておくが、もちろんイギリス人の男は正しい。人間の一番の親友は犬で、犬以外に親友を求めようなんて、どうかしているのだ。

第10章

合法的殺人を命ず……

理想の裁判信仰

国民はイギリスの司法制度を世界一の理想の制度とみなし、
何でも裁判で解決しようとする。
シャム双生児の片方を生かすためにもう片方を殺す決断も、
両親の意向を無視し、裁判で強制された。
写真:シャム双生児裁判のニュースを伝える
ニュース・オブ・ザ・ワールド紙

突然ですが、日本ではアメリカの弁護士事務所を舞台にしたテレビドラマが人気だとか。ハリウッド映画でお馴染みの、検察側と弁護側の派手な攻防、陪審員が出てきたりしてドラマチックなストーリーが目に浮かびますね。この陪審員制度、前書きでもちょっと触れましたが、実はイギリスが元祖。古くはノルマン人が伝えたもので、一般市民の中から無作為に代表を選ぶ現在の形はイギリスからアメリカに伝わりました。プロの裁判官よりくじ引きで選ばれたアマチュアの陪審員の判決を理想とする国民性について、日本と比較してみるとおもしろいのですが、その話はまたいつかゆっくり。ここでは、在英日本人の頭を大いに悩ませた、ある裁判のお話をしましょう。「シャム双生児裁判」として知られているケースです。

イギリスらしい裁判の例としてこのケースを選んだのは、イギリス人の「理想の司法制度信仰」が最もよく現れているからです。事件が始まったのは二〇〇〇年八月のある日。イギリス中の新聞の第一面が「シャム双生児裁判」の第一報で埋まりました。

マンチェスター、セント・マリー病院で生まれたシャム双子の女の子、ジョディとマリー(仮名)は、「股合わせ」の格好でくっつき、背骨の一部と骨盤、腸の一部、膀胱を共有している。二人のうち弱い方のマリーは心臓も肺も機能していないので、強い方のジョディの心臓と肺が二人分の命を支えている。このままではジョディはマリーを支えきれず、二人共衰弱死に至る。二人を切り離せばジョディは生きのびるチャンスがあるが、マリーはその場で死ぬことがわかっている。医師団は分離手術を勧めたが、カトリックを信じる両親は「神の手にまかせて」二人をこのまま一緒に安らかに死なせてやりたいと希望。病院側は手術の強制執行を勝ち取るために裁判に持ち込んだ——というのが第一報のアウトライン。

シャム双生児のどちらを生かすか殺すかという問題は過去にも世界各地であったけれど、両親の願いを拒否して医者が裁判に訴えたのは初めてだ。似たようなケースでは、宗教上の理由から自分の子供への輸血を拒否する親が訴えられることは時々あるけれど、輸血は他の子供の生死を左右するわけではないし、分離手術ほど複雑な治療ではないから、だいぶ問題が違う。

さて、続く数日間、イギリス中のメディアが裁判の行方を追い、一般市民も興奮して議論に参加した。その過程で双子を取り巻く状況が少しずつに明らかにされていく。プライバシーを守るための報道管制が敷かれて双子は仮名で呼ばれたが、両親の本名と出身地は明かされ、メディアは取材力を総動員してあらゆる立場の人々をインタビューしてまわり、煽られるように手術派と自然派の論争はエスカレートしてゆく。新聞社は特派員を両親の出身地にまで飛ばして特ダネを争った。

手術派は、「マリーは自力では生きられず、ジョディに寄生している寄生虫のようなものだから、切り離してジョディを身軽にしてやるのが当然だ」と主張し、「みすみす助かるチャンスのある命を助けないのは生命の冒瀆《ぼうとく》である」と非難した。自然派は、「ジョディとマリーは対等な命である、弱い方を簡単に切り捨てるのは生命尊重ではない、殺人だ」と反論した。

体外受精などの生命論争でたびたび立場を異にしているカトリック教会と英国国教会は、今度も「神の御手におまかせする派」と「幸せのために精一杯努力する派」に分かれて論争に参加する。一方、手術をすればジョディの方は助かると言っても、話はそれほど簡単でないことがわかってくる。たとえ生き延びても、その後ジョディは何度もの整形手術が必要で、まず背骨と骨盤のつながった部分を切り離したあと、両足の骨を折って正常な位置につけかえ、膀胱を直し、肛門を作り、さらに女の子なのでヴァギナを付けなくてはならない。そこまでしても普通の生活が維持できるのかどうかはわからない、いや普通の生活ができなければ生かす価値がないと言うのか！　と外野の熱は高まるばかり。

その間、双子の両親は一貫して「神の手にまかせ」、それが神の意志ならば二人はくっついたまま「自然に安らかに死なせてやりたい」という姿勢を崩さず、医師団の嘆願にも屈しない。「ジュディを生かすためにマリーを犠牲にすることはできません、二人は一緒に生まれたのだから」と繰り返す両親を、カトリック教会やプロ・ライフ（生命尊重）活動グループが支持した。どうせ放っておけば両方とも死ぬ命だから、片方は殺してもよいということにはならない……話し合いはつかず、裁判決行。双子を手術で切り離してジョディを生かすにはタイムリミットがある。裁判にいつまでもかかっていたら、その間に双子は衰弱死してしまうかもしれないのだ。医師側は焦りを見せ始めた。

この時点での筆者の思いは、「この事件はなんで裁判なんかに持ち込まれたのか？」というものだった。なぜ医者と両親の話し合いで決めることができないのだろう？　筆者のまわりの日本人はみな、同じ意見だった。日本でなら裁判になるなんて考えられない、いくらイギリス人の大好きな「理想の司法制度」だって、人の生死を裁判で決める権利はない！

さて、話はこれだけではない。少しややこしくなるが、この問題の親子は実はイギリス人ではない。地中海に浮かぶ小国、マルタ共和国の一部であるゴゾー島の出身だ。では彼らがイギリスなどで何をしているのかというと、妊娠中の定期検診でシャム双生児であることがわかったから。旧英連邦のマルタとイギリスのあいだには協定が結ばれていて、難しい医療ケースはイギリスの公立病院で治療を受けられることになっているのだ。英国民と同じ扱いなので、もちろんすべて無料だ。当の英国民が順番待ちでなかなか治療を受けられずにいる状態なのに、外国人にまで無料で治療を提供する。さすが理想の高いNHS！　と皮肉りたくもなるが、それはともかくマルタの親子はこの制度を利用してマンチェスターにやって来た。

受け入れた病院の役割は、母子の健康を守って無事出産させるところまで。そこから先は両親の手にまかせるべきだし、成功の約束されている手術ならともかく、親の希望に逆らってまで難しい分離手術をしたがるのは医者の功名心じゃないか、という見方もあったが、病院側の信念は揺るがない。裁判持ち込みに成功すると、裁判所は病院側の要求を受け入れ、裁判の進行中、赤ん坊を病院の外へ連れ出すことを禁止した。裁判の経過を不服とした両親が、こっそり赤ん坊をゴゾー島へ連れて帰り、希望通り二人を「安らかに死なせて」しまうことを恐れての処置だった。

さて、裁判の進行とともにメディアの報道もだんだん詳しくなってゆく。裁判中、プライバシーを守るために双子の写真の公開は禁じられていたが、新聞各紙は双子の結合状態を示すイラストを掲載した。それによると、最初に専門家が言っていた「マリーがジョデイに寄生虫のようにくっついている」という描写は正確ではない。言葉では説明しにくいが、赤ん坊二人は股のところで挟み合ってくっついているので一つのベッドに逆方向に寝かされ、それぞれ両足は胴体から直角に横の方角に突き出している。要するに胴体二つが尻合わせに逆の方向に生え、足は蛙のように真横に突き出しているのだ。このイラストを見れば、初めて双子を見せられた親がびっくりして、「生かしておく方が残酷だ」と思ったことも想像できるのである。

しかし同時に、こんな奇形だから手術をして片方だけ無理に生かすのは残酷だ、という見方にイギリスの医師団が反対せざるを得なかったことも容易に想像できる。子供は親の所有物ではない。子供の生死を「生かしておいても可哀想」という理由で親が決めることは、イギリスでは許されないのだ。たとえその親子が外国人であるとしても。

（よく知られているように、日本では今でもある「親子心中」は、イギリスでは親による子供の殺害としかみなされない。その見方には、なんらかの事情で困りぬいて子供も死んだ方が幸せと決めた親への同情はひとかけらもない。なぜなら、彼らの考えでは、親に子供の生死を決定する権利はないのだから。）

二重三重の問題のからんだケースだが、そもそも在英日本人の頭を悩ませたのは、双子の分離手術を決行するべきか否かではない。わからないのは、独立国であるマルタの家族の運命を決定する権利がなぜイギリスの司法制度にあるのか、という点だ。筆者は双子のイラストを見て、イギリスの病院が裁判に持ち込んだ気持ちはわかると言ったが、気持ちと道理は違う。日本人ならこの点をまず疑問に思うのではないだろうか。いくらマルタは旧植民地だからといって、マルタ人の親子の運命をなぜイギリスの裁判所が決めなくてはいけないのか。それではまるで日本の裁判所が韓国人の親子にああしろこうしろと指図をするようなものではないか。

ところが驚いたことに、以上の疑問は事件の進行中、一般のイギリス人の頭には浮かばなかったのである。つまり、彼らの理想の司法制度信仰は、国境さえ物ともしないほど強固なのだ。彼らの議論の焦点はあくまで「双子の片割れを生かすか殺すか」で、もともとイギリスの裁判所で争うこと自体が間違っていると考える人はほとんどいなかった。カトリック教会とプロ・ライフ活動家は手術には反対していたけれど、それは宗教的、あるいは倫理的な立場からで、マルタ共和国の親子の運命をイギリスの司法制度が云々……という政治的な観点からではなかった。

また、筆者が近所のおばさんたちとの立ち話や、友人・知人その他のイギリス人とのおしゃべりから判断する限り、ほぼ全員が「病院と患者の家族の意見が合わないなら裁判で決めるしかない、ここはイギリスなんだから」という意見。ましてや、「くっついて生まれた子供を一番愛しているのは両親なのだから、最終的な判断は親にまかせるべきではないだろうか」と言う人はいない。親の無責任が問題になっている場合ならともかく、このケースのように明らかに子供の幸せを一番に考えている親には選択権があって良い、と考えるのが普通だと筆者は思っていたので、それが実は「日本的な考え方」だと知ってかなりびっくりしたのです。

日本はもともと示談の国で、もめごとがあれば弁護士が儲かるアメリカや、それに追いつきつつあるイギリスその他の国々と比べれば「何でもすぐ裁判」という風潮はない。しかし、この双子裁判に在英日本人が納得できなかったのは、日本人が裁判慣れしていないからとばかりは言えない、と筆者は思う。

さて、国中が見守るなか、裁判はついに病院側の勝利に終わった。医師団がほっとしたのも束の間、両親はただちに控訴した。医者はそんなことをしているうちに時間切れで双子は両方共死んでしまうと訴えたが、裁判所では控訴の訴えは却下できない。じりじりと時間が経ち、両者の主張は再審で繰り返され、最終的には一審の判決が支持された。

双子の両親はここでさらに上院に持ち込むこともできたのだが、ついに力尽き、もうこれ以上の控訴はしないと表明。「マリーの命を助けるためにできるだけのことはした、このうえ裁判で争うつもりはない」と判決を受け入れた両親に英国民の同情は降り注いだ。

十一月六日、ついに手術執行。朝の九時から始まった手術は翌朝まで二十時間も続き、双子をつなぐ血管を切断したところでマリーは死亡した。手術反対派に言わせれば、マリーは殺されたのである。カトリック教会は「合法的殺人」と非難し、執刀した外科医は「殺すための手術」をせざるを得なかったジレンマを語った。

自国民であろうと外国人であろうと、イギリスの司法制度をあてはめる。なぜかと聞けばイギリス人は、それはもちろん我が国の制度が理想的だからだ！　と答えるだろう。そこにはゴゾー島のような後進国にまかせておいたら助かる命も助からない、身体障害者として生かしておくのは可哀想だという間違った理由で赤ん坊は殺されてしまうかもしれない、だからしっかり見張っていないと――という発想もどこかにあると疑うのは外国人のひがみだろうか。とにかく手術は行なわれた。一応の一件落着――。

しかし、この裁判はさまざまなことを筆者に考えさせた。イギリス人の理想信仰というものは、時には人間の生死までを自分たちの理想観に基づいて決定しようとする。これはちょっと恐ろしいことではないだろうか。特に、「大多数の英国民」と同じ理想を共有していない人間にとってはひどく生きにくい、どころか、生きることを許されない場合だってあり得るわけだから……。

最後に筆者の意見を言わせてもらえば、この裁判の判決には理論的な欠陥がある。赤ん坊の生命を両親が左右するべきではないというのなら、なぜ裁判官が左右するのは良いのか？　また、裁判では赤ん坊や子供の権利も大人同様に保護するというけれど、ジョディとマリーが大人で口がきけたなら、どうせマリーは死ぬのだから今のうちに殺してしまおうという判決はでなかったはずだ。つまり、同様に、と言いながら、やはり赤ん坊だから裁判での扱いは大人とは違うのである。しょせん理想の裁判などあり得ないという証拠ではなかろうか？　かといって、理想の裁判をめざして努力するのは無駄だと言うつもりはないが。

第11章

イギリス版世界地図、日本はどこに?

おまけの章

ごく小数の親日家を除き、一般のイギリス人は
日本がどこにあるかも知らない。
知られているのは着物・地震・ウサギ小屋の旧態依然としたイメージばかり。
写真:(左上)日本の存在しない地図、16世紀
(右上)日本の存在しない地図、21世紀
(左下)子供向けのガイドブックより、日本の田植え風景
(右下)庭の無いウサギ小屋

「はじめに」で、この本を読んでもらうことで「日本人のイギリス観にバランスが取り戻せたら拾い物だ」と書きました。少々振り子が揺れ過ぎた感じがあるかもしれません。「わたしの知っているイギリスはこんなにひどくない！」と怒る人もいることでしょう。

イギリスに限らず、休暇や留学や仕事で海外に滞在して日本に帰って行く人は、その国の良い所だけを思い出にとっておく傾向があります。それは当然で、特に仕事や家族連れの滞在で苦労した人ほど、何が何でも良かったことを数え上げて元を取らねば済まない気がするのでしょう。あんなに頑張ったんだから楽しまなくちゃ損だ、と。日本で出版されてきたイギリス礼賛の本の半分くらいはそんな気分の中から生まれたのかもしれません。読者が素直に信じてしまったとしても別に実害はない。

一方イギリスでは、一般の日本人が本当のイギリスを知らない以上に一般のイギリス人は日本を知らない。だから、そこはおあいこ——どころか、うんとお釣りが来るほど普通のイギリス人は日本について何も知らないのです。

ですから、再びバランスを取るために、ちょっとこの本の目的からは外れますが、イギリス人がいかに日本を知らないかを紹介しておきましょう。

まず、本章の扉ページ右上の世界地図を見て下さい。日本はどこかと思わず捜してしまった人、捜さなくても大丈夫、日本はありません。この地図によると日本は存在しないのだ。これはデイリー・エクスプレス紙の一コマ漫画ですが、たかが漫画と言うなかれ、日本の新聞漫画なら、イギリス島の所在くらいは確認して描き足しておくのではないだろうか？　つまりイギリス人の世界観は、同じく扉ページ左上の十六世紀・マゼランの時代から何ら進歩していないことが分かる。なにしろ地図の真ん中に太平洋を持ってくるメイド・イン・ジャパンの世界地図と違い、イギリスの地図は真ん中が大西洋なのです。

それから扉ページ下段の写真を見て下さい。イギリスの子供に日本という国を紹介するガイドブックの数々です。我が地元エプソムの図書館へ行くと、子供向けに海外の国々を紹介する絵本のコーナーがあり、「ウェルカム・トゥ・ジャマイカ」だの「ボンジュール・フランス」だのが並んでいて、そこで見つけ出してきました。つまりこの種の本が、イギリスの子供が初めて遭遇する日本、なわけです。なんと大事な出会いではないか！

では、一冊、手に取ってページを開いてみましょう。ウェルカム・トゥ・ジャパンという見出しに、日本人一家の写真。「えりこ」という八歳の女の子が案内する構成になっているのですね、フムフム。

「日本の冬は寒くて雪が降り、夏は暑い。秋には台風がやって来る。そのうえ日本には地震もあって、学校ではしょちゅう地震訓練をしています」

すごい出だしだなあ。雪に台風に地震、これを読んで日本へ行きたいと思う子供がいるだろうか？

「ほとんどの日本人はアパートに住んでいます。ホンシュー島の海岸沿いの都市には建物を建てられる平らな土地があるのです」

なるほど、事実かもしれない。外国を紹介するのに、そこの人々がどんな家に住んでいるかは重要だ。そして確かに東京や大阪などのホンシュウ・アイランド（本州ですね）の大都市では、たいていの人がフラット（アパートやマンション）に住んでいる。でも、日本だって田舎じゃあ一戸建ての家に住んでいる人もたくさんいるんですけど。何だか最初からこれじゃあ、先が思いやられるなあ。ちょっと他の本を見てみようか。ページをめくる。あっ！

「日本人はたいていアパートに住んでいます」

なんだなんだ、アパートがそんなに珍しいか。

「アパートに住むのは、すべての家族が家に住むほどの土地がないからです」

いきなり核心をついている。次のページには日本の小さなアパートの写真、ご丁寧に「庭のない家」と説明がついている。これを見てイギリスの子供たちはなんと思うのだろう？ まあ家のことは事実だから仕方がない、次、食事のページ。「日本人は生の魚を食べます」、というのは刺身のことだな。

「珍しいのはフグで、これは正しく調理しないと死んでしまうほどの毒があります。それから時々グラスホッパー（バッタ）をスナックとして食べます」

「グラスホッパー」と言うとバッタでもキリギリスでも虫なら何でも良いみたいだけれど、これは多分イナゴの佃煮のことだろう。イギリス人の子供が、いいなあ、日本に行ってみたい！と思わないわけがだんだん分かってきたぞ。また別の本をめくってみよう。

「日本では毎日三回くらい小さな地震があります。建物は地震と一緒に動くように作られています」

確かに嘘ではないが、言い方というものがあろう。これではまるで国中が毎日グラグラ揺れているみたいだ。

「日本の大部分では六月から九月にかけてが雨期で、ほとんど毎日大雨が降ります」

誰だ、書いたのは？　この人は日本に行ったことがあるのか？　もういい、もっと真ん中へんをめくってみよう、日本人の仕事、という見出し。

「日本は電気製品、コンピューター、ステレオ、ビデオなどを作るので有名です」

いかにも。そして次のページには、リンゴ園で働いている女の人の写真が載っている。

「この女性はリンゴ園でリンゴを収穫しています。つい最近まで日本では働くのは男の人だけでした」

女性天国か、日本は！　働いたことのない農村や漁村のお嫁さんがいるだろうか？　それとも働くというのは会社勤めという意味なのか、それならつい最近というのは明治大正時代のことだな。まあ、あら探しはやめておこう。ほら、こっちの本には田圃の写真も載っている。あ、民族衣装を着て田植えをしている女の人、これもつい最近の現象なのですね、そうすると。それからどアップで写したお米の写真、細長い色付き米は明らかに外米だ。どこから持ってきたのだろう、この写真は。

だんだん嫌になってきたなあ、でも我慢して次のページ。「out and about」というのは「おでかけ」ですね。ワッ！　いきなりお相撲さんの写真が！

「日本人はカブキ劇場に出かけたりスモウを見るのを楽しみとしています」

「スモウのほか、人気のあるスポーツはジュードーやケンドーなどのマーシャル・アート（武術）です」

「野球、サッカー、水泳、バスケットボールなどと共にゴルフも人気がありますが、ゴルフ場はあまりありません、なぜならゴルフ場を作る平らな土地があまりないからです」

最後の一言は余計ではないか？　でもさすがにイギリス人。よその国がいかに恵まれていないかを強調する機会を逃すことはない。ちょっと悲惨な気持ちになりながら次のページをめくる。日本の宗教。

「日本人はほぼ全員がシントウかブディズムに属しています」

神道か仏教。実態はともかく、初詣と七五三とお葬式から統計を取ったら、まあそんなところか。もうやけくそになって適当なページをめくってみる。白塗り、日本髪にかんざしのお姉さんのお茶のお手前の写真。

「お茶をいれるには、四時間くらいかかることがあります」

え!? 正式なお茶事には、と断ってくれないと、日本人は一日中お茶をいれていると思われてしまうではないか。

なんだなんだこれは、と思った人、イギリス人の子供が初めて遭遇する日本とは、こんな国なのです。もちろん大人向けのきちんとしたガイドブックはたいてい日本に住んだことのある人が書いているから、六月から九月までほとんど毎日大雨を降らせてしまうようなことはないが、そういう本を読むのはこれから仕事や観光で日本に行く人とか、最初から日本に興味のある人に決まっている。そういう人に改めてアピールしても仕方がないわけで、何の知識も興味もない子供向けの本こそが大事ではないのか。

日本にいるイギリス人やいわゆる親日家のイギリス人とお話しをして、イギリス人ってフレンドリーなのね、などと安心してしまってはいけない。彼らは最初から日本のようなおかしな国に興味を持つおかしなイギリス人なのです。一般のイギリス人というものは、最初に言ったとおり日本がどこにあるのかも知らない。また、ロンドンに住んでいる日本人は、日本と取引のある企業の人とか、日本人学生のたくさんいる大学の人など、日本のことを比較的よく知っているイギリス人としかコンタクトがないからぴんとこないかもしれないが、一歩ロンドンや大学構内から外に出ると状況は一変する。郊外や地方に住んでいる一般イギリス人の持つ日本のイメージは、たった今紹介した絵本のイメージなのです。

（筆者の知り合いで日本と中国の区別のできる人はいない。シンガポールは日本か中国かと聞かれたこともある。聞いた人はれっきとした大学出であった。また、香港が中国に返還された時、あなたのご家族はお困りでしょうと言われた。返答に詰まるとはこのことだ。）

特に、日本に長年住んでいて、日本のことをよく知っているイギリス人と日本で出会って結婚した、という日本人女性は用心しないといけない。日本にいる間は彼の方がガイジンだから、猫をかぶり日本通ぶってあなたに合わせているが、ひとたびイギリスへ来ればあなたの方がガイジンなのです。そして、あなたのまわりの人々、彼の両親や兄弟親戚、友達や近所の人々はことごとく、日本では魚を生で食べ、バッタをかじり、庭のないアパートに電気製品に埋もれて暮らし、しかも大雨の中を民族衣装を着て田圃で働いていると思っていると覚悟しておかないといけない。これは一般イギリス人の罪ではまったくなく、ひとえにイギリスのメディアの偏見のせいなのです。

日本では、イギリスに行ったことのない人でさえ王室御用達ハロッズの名を知り、バーバリーのコートを買い、子供たちは英国プレミア・リーグのサッカー・ユニフォームを着てマンチェスター・ユナイテッドがどうのこうのとか、リバプールが勝っただの負けただのと騒いでいるのに、このギャップをどうするのか？　文明開化の頃ならいざ知らず、二十一世紀にもなって日本人はイギリスに奇妙な片思いをしたままで良いのか？

繰り返しますが、筆者はただの小説家なので、問題解決の責任はない。別に日英親善のためにイギリス人と結婚したわけではないのだ。だけど日本の政治家に是非とも、これではいかん！　と奮起していただきたいのです。国からお給料をもらっているのだから、それくらいのことはしても良いでしょう。

それから外務省や日本大使館の方々、日本文化を紹介しよう！　と意気ごんで歌舞伎や浮世絵や相撲をロンドンに持ってくるのも良いことですが、日本のイメージ・アップのためにはイギリス各地の学校や図書館をまわり、日本について書かれた本をチェック／没収してまわった方が役に立つかもしれませんね。

最後に、おまけの章のおまけとして、日英関係をめぐる真っ赤な嘘を指摘しておきましょう。

その昔、日英親善の外交策として発明されたフレーズに、「イギリスと日本は同じ島国なので、島国根性で代表される国民性に共通点が多い」というのがあった。この真っ赤な嘘をいまだに信じている日本人がいるらしいので、ここではっきりさせておこう。イギリスに住んでいるイギリス人でそんな風に考えている人はひとりもいない（日本に住むイギリス人が外交辞令でそんなことを言っても本気にしてはいけない）。

何よりこの大嘘は、日本が鎖国をしている時代に、逆にイギリスは海外を制覇して着々と大英帝国を築いていた事実を見ても明らかだ。なにしろお江戸の幕府が日本の海岸線を閉じ、黒船撃退のために加持祈禱をしている間に、大英帝国は世界の半分にユニオン・ジャックを旗めかせていたのだから。

イギリス人の世界観を代表するエピソードとして、こういうものがある。

イギリスとヨーロッパ（大陸）をつなぐドーバー海峡が霧に閉ざされたある日、イギリスのラジオはこう宣言した。今朝、ヨーロッパは霧のために孤立した、と。

こんなメンタリティーを持つイギリス人が、自分たちと日本人との間に何らかの共通点があるなどと考えるはずはないのです。油断してはいけません。

イギリス人の理想に反する、「長い」あとがき

あとがきが必要な本は、二流の本、に違いない。

理想の本なら、読めば一目瞭然、あとがきなど要らないのだ――と単純に思うのは筆者が日本人だからで、イギリス人はそうは言わないだろう。この本を読んでいただいた方にはおわかりのように、イギリス人は政治、司法から家の内装、ガーデニングに至るまで、あらゆる分野で世界無敵の理想を抱く能力を備えているのです。だからきっと、本のあとがきについても、日本人など思いもつかない理想の技があるに違いない。

しかし筆者はイギリス人ではないので、理想を語る資格はない。だから少しくらい長いあとがきで丁度良いのだ。

まず最初に、「これは今の日本ならこうでしょう」とか、「ここは日本人にはよくわかりません」とか指摘して、日本から離れている筆者の浦島ぶりを正してくださった編集者の矢内裕子

さんに感謝を捧げます。それから、ご本人の知らないうちに本書のモデルになっていただいた英国首相を初めとして、向こう三軒両隣のイギリス人たちにも感謝しなくては。

次に反省だが、「はじめに」で予告したように、この本ではイギリス人の理想を信じるおめでたさを槍玉にあげた。こんなにまでかなわぬ理想を追い、立派な建て前を貫いておいて、いったいあなた方の現実はどうなんだ、と。

ところが移民対策やら老人介護やら、果ては住宅ローンから犬の飼い方まで、徹底的に非現実的なイギリス人の理想への固執を分析していくうちに、かすかな賞賛の気持ちが芽生えてくる。さすが腐っても鯛、いや大英帝国、一度高く掲げた理想は日和を見て引っこめたりしてはいけないのだな。

つまり筆者は悪口を言いつつも、理想を掲げるイギリス人の立派さを内心讃えているつもりなのだが、日本人の志の低さがたたって、本書ではやたらとイギリス人を笑ってしまった（だって、あの人たちも結構おかしいじゃありませんか）。

だから、もしこの本を彼らに読まれたら、理想の何たるかも知らない日本人が、何を笑っているんだ！　と立腹されるかもしれない。さんざん人の批判をしておいて、自ら名乗らないのは礼儀に反しておる！　とも言われるだろう。そこで、遅ればせながら、あとがきに重ねて次に筆者の自己紹介をしておこう。

（それにしても、イギリス人がこのページを見たら、ああ、かわいそうに、日本の作家は自分でプロフィールを書かねばならないくらい困っているのだな、とますます自信を深めることだろう。理想のあとがきには当然、作家のプロフィールなど不要なのだ……。）

緑　ゆうこ、『イギリス人は「理想」がお好き』を書くまで

一九五八年、鎌倉市生まれ。

子供の頃、自分は大きくなったら小説家になるのだと思っていた。

そのわりには何の具体的な策も練らずに大きくなり、大学の文学部（仏文学科）に入る。クラスには幸い小説を書きたいなどと思う学生はひとりもいなかったので、文学を語りもせず、山歩きのグループと環境保護団体の活動で体力を養った。

こうして文学的には何の成長もなく大きくなってしまったので、まあいい、自分はもっと大人になったら小説家になろう、とシナリオを変更したが、そのわりにはまたもや大した焦りもなく卒業して大人になり、広告・編集・翻訳業界を転々としながら独り暮らしの生計を立てる。転職の合間には日本を出たり入ったりし、ニュージーランドやらイギリスやらを行ったり来たりしていたが、そのうちニュージーランド生まれのイギリス人写真家と結婚して、完全にイギ

リスに引っ越してしまう。ようやくこのままではまずいと感じて、初めて小説を書いた時にはもう三十代になっていた。

ニュージーランドを舞台にしたこの小説で「文學界」の新人賞をもらい、以後イギリスに住みながらイギリス人しか出てこない小説を書き続けている。本も出したがあまり売れないので小説家と名乗るのも気が引け、そうか、もっと年を取ったら小説家になればいいか、と三度シナリオを変更したところである。

ニュージーランド経由でイギリスに引っ越すまでのいきさつに話を戻すと、当時のめりこんでいたのは有機農業だった。たぶん、脱サラで自給自足の農場に住みながら赤毛のアンのように小説を書いて暮らしたいとでも思っていたのだろう、他人には恥ずかしくてとても言えないが。（わたしだけではないはずだ、そういうことを考えていたのは！　赤毛のアンと日本人女性作家の関係については評論まで出ているぞ！　わたしもついこのあいだ人に教えてもらったばかりだが）。

ニュージーランドでは農場に住んで野菜を作っていて幸せだったけれど、有機野菜は小説よりもっと売れないので金が入らない。仕方ないので日本に戻り、「世の中の諸悪の根元は金融業界だ！」と威張りながら、簡単に寝返って証券会社のソロモン・ブラザーズ（当時）に勤め、せっせと翻訳をやって金を稼いだ。

少し金が貯まったところで再び寝返って、環境団体グリーンピースの日本事務所設立に加わる。しかし、脱サラ田舎暮らしを夢見る小説家志望にとって、皮肉にもグリーンピースは「正反対なもの」の象徴だった。

世界的な環境運動を効果的に実行するには都会に住んで闘わねばならない。世界的な運動組織で生きて行くためには攻撃的な性格でないと務まらない。闘いと攻撃的な人間と都会暮らしが何より恐いわたしは再び寝返り、イギリス郊外に引っ越すと、根性なしの小説家にふさわしい、夫と二人だけの、しかし静かで平和この上ない生活を選んで現在に至っている。趣味は笑ってはいけない、土いじりだ。

こうして自分だけ楽をするつもりが、どこかで計算が外れたのは、夫の年老いた両親の存在。すっかり視力を失い、パーキンソン病に冒された姑と、両手に杖をついても五メートルしか歩けない舅に、我々若夫婦の平和なはずの生活はかき乱される。

しかし転んでもただで起きてはいけない。言葉が不自由になるまでは毒舌で有名だった姑と、「わたしたちは来年あたり日本に引っ越そうかと考えているのだけれど」とおずおず切り出すと泣き出してしまう舅に十五年付き合ってイギリスに住んでいるおかげで、小説のタネは尽きないし、エッセイにも困らない。こうなったら、八十代の彼らと四十代の我々夫婦のどっちが長く生き延びるか、根比べだ！

——と思ったのだが、やはり若い方が先に死んではいくら何でも損だ。だからこれからは彼らにも遠慮せず、年を取ってからなどとも気取らず、今のうちに書きまくろう！　と覚悟を決めて書いたのがこのエッセイ集です。住めば都、ではなくて住めばあきれるイギリスの政治、社会、衣食住を、かなりイギリス惚けした日本人の頭で書いてみました。

本業の小説の方は、イギリスにこだわりつつ目下取り組んでいるテーマはバイオテクノロジー。体外受精をテーマにした「こうのとりを放つ日」（集英社、一九九七年）の延長上にあるクローンをテーマにした小説を書いています。どちらもイギリスは世界に先駆けて技術を完成させただけあって、政府の強気とやる気に、見ているこちらはたじたじとなるばかり。クローンの次にはイギリスの医療裁判のテーマを温めています。

とうとう自分で宣伝も担当してしまいました。イギリス人に指摘されるまでもない、やっぱり理想の低い国民ですね。

緑ゆうこ

二〇〇二年二月

参考資料

●写真

"Earthquakes, Our Violent Earth", Hodder Children's Books
"Tidal Waves and Flooding", Aladdin Books
"Earthquakes, Natural Disasters", Gloucester Press
"Exploring the World", Macdonald Young Books by Salariya Book Company
(Map:Magellan & de Cano's route)
"Step into Japan", Heinemann Library, Read Education and Professional Publication
"Picture a coutry, Japan", Franklin Watts
"Welcome From Japan", Wayland Publishers

●新聞

The Independent, The Guardian, The Times, The Daily Telegraph,
Daily Express, News of The World

緑ゆうこ
1958年2月17日神奈川県鎌倉市生まれ。
1991年「海を渡る植物群」で第72回文學界新人賞受賞。
イギリス人写真家と結婚、1988年よりロンドン郊外に在住。
著書に『こうのとりを放つ日』(集英社)がある。

イギリス人は「理想」がお好き

2002年3月29日　第一刷発行©
2002年4月22日　第四刷発行

著者　**緑ゆうこ**

発行所　**株式会社紀伊國屋書店**
東京都新宿区新宿3-17-7
出版部[編集]03(5469)5919
ホールセール部[営業]03(5469)5918
〒150-8513 東京都渋谷区東3-13-11

印刷製本　**中央精版印刷株式会社**

ISBN4-314-00911-X C0095
定価は外装に表示してあります